跟着语文课本长知识

小故事大道理

— 励志篇 —

陈永林 ◎ 主编

图书在版编目（CIP）数据

小故事大道理. 励志篇 / 陈永林主编. -- 武汉：长江文艺出版社, 2025. 6. -- ISBN 978-7-5702-4022-7

Ⅰ. I18

中国国家版本馆 CIP 数据核字第 2025VP3175 号

小故事大道理. 励志篇
XIAO GUSHI DA DAOLI LIZHI PIAN

责任编辑：任诗盈　　　　　　　责任校对：程华清
封面设计：胡冰倩　　　　　　　责任印制：邱　莉　胡丽平

出版： 长江出版传媒　长江文艺出版社
地址： 武汉市雄楚大街 268 号　　邮编：430070
发行： 长江文艺出版社
http://www.cjlap.com
印刷： 湖北新华印务有限公司

开本：710 毫米×970 毫米　　1/16　　印张：7.75
版次：2025 年 6 月第 1 版　　2025 年 6 月第 1 次印刷
字数：77 千字

定价：24.00 元

版权所有，盗版必究（举报电话：027—87679308　87679310）
（图书出现印装问题，本社负责调换）

目录

量子迷雾中的真理	1
千次失败的真相	4
谦逊让你站得更高	7
从"小镇做题家"到AI先锋	9
在咖啡馆里重建霍格沃兹	12
听见光	15
心怀梦想,人生就不会暗淡	18
世界也要为这份孤勇让路	21
孤掌一样能鸣	25
要给国家争一个"不可能"	28

一生都在奔跑	31
飞人乔丹是怎样炼成的	34
名师的第一课	37
一张空白的试卷	40
沙子的命运	42
谁会放弃？	44
生命的补丁	46
承受蚂蚁的叮咬	49
让思想拐个弯	52
外卖箱里的星空	55
事缓则圆	58
一盆玫瑰花	62
半部书	65
被爱绊住的花	68
站起来比倒下只需多一次	72
骑手与千里马	75
没有一棵树是丑的	78
死神不敢收的车手	80
度量，滋养成功的土壤	83
执着铸就成功	85
大卫早已在石头里	87
老人与海	89
照镜子	91

永不放弃	93
坚持你的梦想	95
心如止水	98
李离请死	101
被遗弃的种子也会开花	104
魏老板拾米票	107
一片海苔撬动世界	110
记忆与忘却	112
让阳光来收拾吧！	114
二十二遍读书法	116

量子迷雾中的真理

  1927年的布鲁塞尔，深秋的雨水冲刷着街道。一群身着黑色大衣的学者陆续走进索尔维研究所，空气中弥漫着咖啡与雪茄的气息。这里，一场没有硝烟的诸神之战——第五届索尔维会议即将拉开帷幕。

  他们争论的不是领土或权力，而是整个宇宙的本质。

  会议伊始，哥本哈根反对派德布罗意率先发言："粒子是波场中的一个奇异点，波引导着粒子运动。"而后哥本哈根学派的沃尔夫冈·泡利以一系列实验结果反驳德布罗意。哥本哈根学派认为量子力学是完备的，而反对派则认为不然。在唇枪舌剑的争论中，主张量子力学并不完备的爱因斯坦缓缓站起身，他设计了一系列实验以论证波函数坍缩过程与相对论的不相容。而他的论证很快被玻尔驳回。据参会的海森伯回忆，会议开始本来是三个阵营，后来逐渐演变为爱因斯坦与玻尔之间的"决斗"。会议的最后，爱因斯坦不能信服："难道您真相信，上帝是靠掷骰子来决定世界的运转吗？"玻尔摘下眼镜，擦了擦："亲爱的阿尔伯特，不要告诉上帝该做什么。"

三年后的第六届索尔维会议上，爱因斯坦"捧"出一个"装满光子的箱子"。他说只要称重、计时足够精确，就能同时捕捉光子的能量与行踪，如同用蛛网粘住蝴蝶振翅的每一帧。玻尔一时之间无法反驳。

那一夜，玻尔在房间里来回踱步，反复计算。终于，他发现：根据爱因斯坦自己的相对论，称重时引力场会扭曲时间！

第二天的会议上，玻尔又一次化解了难题，爱因斯坦一时之间说不出话来——他的广义相对论推翻了他自己。

会议结束了，但争论却没有停止。1935年，爱因斯坦与波多尔斯基、罗森联合发表了一篇题为《能认为量子力学对物理实在的描述是完全的吗？》的论文（简称"EPR论文"）。这篇论文在定域实在论的基础上，提出"量子纠缠"概念，认为量子力学不完备。而玻尔对此的回应是：量子现象具有整体性，观测本身定义物理实在，定域实在论不成立。

多年后，当玻尔的量子力学预言被贝尔的不等式实验证实时，爱因斯坦已长眠于地下。玻尔在悼念爱因斯坦的演讲中曾说道："我们失去了一个永远以孩子般的好奇心追问'为什么'的人。他的存在提醒我们，科学的使命不是征服自然，而是理解它的诗意。"

小故事大道理

　　最伟大的对手往往是最伟大的队友，爱因斯坦与玻尔的论争体现的是对真理的共同追寻。他们的论争超过了量子力学理论本身，告诉我们：科学的进步不仅需要天才的天赋，更需要敢于质疑的勇气，以及对手之间相互尊重与成全。

千次失败的真相

　　关于发明大王爱迪生的故事，想必你从小到大也听说过许多：从被迫辍学到自学成才、从破产到建立全球首个工业研究实验室，经历了千次失败，发明了电灯、电话、通用股票打印机……人们常说爱迪生的故事反映了"失败是成功之母"的道理。但实际上他的成功并不仅仅是因为他经历了千次失败仍不放弃。

　　早在1802年，英国化学家汉弗里·戴维就发明了电弧灯。电弧灯主要通过两根碳棒间的高压放电产生强光，但耗电量巨大、寿命短，且光线刺眼，所以仅用于街道照明。而后英国发明家沃伦·德拉鲁、加拿大人亨利·伍德沃德与马修·埃文斯都相继在白炽灯研究上进行了研发，但都因为材料成本过高、缺乏资金而被迫中断。

　　1878年，爱迪生在观看了一次弧光灯展览后，宣布他将发明一种安全、廉价的电灯，以取代千家万户的煤气灯。为此，他必须寻找到一种低电压、高电阻的灯丝，进行并联电路设计。

刚开始的时候，爱迪生尝试了铂丝，但铂丝熔点高、价格昂贵且容易氧化断裂。即使他尝试了将铂丝制成螺旋状以延缓蒸发，也无法突破铂丝20小时寿命。1879年，他发现碳在真空中高温下会升华、不会熔化，碳化棉线灯丝可点亮13.5小时。而后他又测试了麻、椰子壳、软木等6000多种植物纤维，最终发现日本竹丝的寿命可达1200小时。与此同时，他还与德国玻璃工海因里希·戈贝尔合作改进真空泵，将灯泡内气压降至百万分之一个大气压，减缓灯丝氧化。

当然，仅有寿命长的灯丝，远远不能让万千普通百姓用上电灯，必须有一个更完善的电力系统。随后，爱迪生又研发了直流发电机、保险丝、电表、地下电缆等。1879年12月，他的白炽灯照明系统首次公开演示，在门洛帕克的试验电灯站，30盏灯组成的电路闪闪发光，每盏灯的开启或关闭都不会影响其他灯。1882年9月，位于曼哈顿下城珍珠街的第一座商业发电站投入运营，400盏电灯亮起，曼哈顿灯火通明，电力时代由此开启。

爱迪生的成功

不仅仅是因为他能从屡次失败中站起,更因为他拥有一种系统思维。正如他晚年所言:"电灯系统是一道算术题,我的任务是将已知的数学和材料组合成最优解。"

小故事大道理

　　失败是数据收集的过程,而非终点。创新需要在坚持中不断完善。

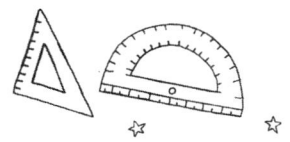

谦逊让你站得更高

法国思想家蒙田曾说:"若不以谦逊调和,连美德本身也无法善用其名号。"谦逊是一切道德之母,谦逊的人不仅带来无穷的快乐,还会让自己走得更远、站得更高。

华罗庚是我国著名的数学家,他第一部专著《堆垒素数论》系统地总结、发展与改进了哈代与李特尔伍德圆法、维诺格拉多夫三角和估计方法等,是 20 世纪经典数论著作之一。

1953 年,陈景润在厦门大学数学系担任助教期间,系统研读华罗庚的《堆垒素数论》时,发现这部大作中华林问题的部分推导有不严谨之处。开始,他几乎不相信自己的眼睛,还以为是自己知识浅薄的误解呢。但经过一个通宵的反复验算,他发现了更优的解法,有助于改进华林问题。于是,他将自己的思考整理成文,寄给了华罗庚。

华罗庚收到信后,不仅没有因为陈景润的质疑而感到不悦,反而高度赞赏陈景润的严谨。他盛情邀请陈景润参加1956年的"全国数学论文报告会",并在会上推介陈景润。

次年,华罗庚在修订版《堆垒素数论》序言中对陈景润的贡献特别致谢。而陈景润则被调入中国科学院数学研究所,由此开启了他对哥德巴赫猜想的突破性研究。

华罗庚曾说:"我的书有错误,能被人发现,是好事。"这体现了一种谦逊的人生态度,更体现了一种严谨求真的科学精神。陈景润与他之间的惺惺相惜,印证了苏格拉底那句"吾爱吾师,吾更爱真理"的名言。

胡为民

小故事大道理

华罗庚与陈景润的交往,不仅是个人际遇的佳话,更映射了一个时代科学精神的觉醒。学术的星辰大海,永远向谦逊者、求真者敞开。

从"小镇做题家"到AI先锋

2024年底,一位年轻的科技创业者应邀参加了一场国家级高规格座谈会,并现场发言。央视《新闻联播》做了报道。随即,他的发言照片在各大社交平台疯转。

所有人都在好奇:这位年轻人到底是何方神圣?又分享了哪些可能影响全球科技未来走向的见解?

他就是将开源模型做到全球第一、性价比力压估值1570亿美元的独角兽OpenAI的"浙大天才"、深度求索(DeepSeek)的创始人梁文锋。

1985年,梁文锋出生于广东湛江吴川市的一个普通家庭,父亲是一名小学教师。梁文峰曾在2024年DeepSeek的开发者大会上说:"我的父亲是一名小镇数学老师,他从不问我考试排名,只问'今天解决了什么问题'——这种对解题本能的呵护,是我后来敢于挑战技术无人区的底气。"

或许受家庭环境的影响，或许与天赋有关，他从小便显现出非凡的数学才华，尤其对数学建模充满热爱。2002年，17岁的梁文锋以吴川一中高考状元身份，考入浙江大学电子信息工程系，攻读人工智能专业，并获得硕士学位。毕业后，他并没有选择传统的就业道路，而是开始探索人工智能在金融领域的应用。他相信数据的力量，相信算法可以战胜市场。这种对技术的热爱，让他义无反顾地投入到量化交易的研究之中。在采访中，他曾说："我觉得热爱是最重要的，没有热爱，遇到困难的时候你很难坚持下去。"

2008年，梁文锋开始探索机器学习在量化交易中的应用。2015年，他创立了幻方量化，彻底改变了金融市场的交易方式，让 AI 算法主导投资决策。短短几年，幻方量化的管理资金规模突破千亿元，成为中国量化投资领域的"四大天王"之一。

2023年，梁文锋决定跨界，进军人工智能大模型领域，创办 DeepSeek。当时，全球 AI 行业被 OpenAI 等国际巨头主导，很多人对中国本土企业的竞争力持怀疑态度。但梁文锋始终坚信："创新，首先需要自信！"

DeepSeek 团队没有硅谷、留学背景，没有雄厚资金支持，仅靠139名国内顶尖高校本科生和顶级工程师迅速崛起。"如果我们自己不相信自己，那谁还会相信我们？"他的自信，成为 DeepSeek 崛起的关键。

2025年，团队发布的 DeepSeek R1 模型训练成本仅为 OpenAI 的 1/20，但其性能能媲美国际一流大模型。

当许多企业选择封闭 AI 技术时，DeepSeek 做了一个大胆的决定——开源。梁文锋认为："未来的 AI 不应该是某个人的，而是全球开发者共同创造的。"这一信仰，不仅让 DeepSeek 在全球开发者社区中赢得了尊重，也为人工智能的未来开辟了新的可能性。

在 DeepSeek 杭州总部的展示厅里，陈列着一台 20 世纪 90 年代的飞跃牌收音机——那是梁文锋初中时拆装过 37 次的实验品。边上的标签写着：

所有伟大的创新，都始于对现状的"不合理"拆解。

从热爱到创新，从自信到果敢行动，梁文锋及其团队的成功再一次证明：真正的创新者，不只是改变世界，而是向人们展示世界所拥有的无限可能性。

唐晓是

小故事大道理

不是只有梁文锋在少年时代"不合理"地拆装过收音机，或者其他令人着迷的东西，但有多少人的看似"荒谬"的好奇心、"不着边际"的幻想，得到了家庭、社会的宽容和鼓励呢？有时候，创新意识往往源于此。

在咖啡馆里重建霍格沃兹

2016年,《哈利·波特》的作者J.K.罗琳在社交媒体上晒出了自己几年前收到的两封退稿信。她当时以"罗伯特·加尔布雷斯"的笔名向出版社投稿《布谷鸟的呼唤》一书,可是出版社拒绝了这本书。这并不是罗琳第一次遭遇退稿。如今为全球亿万青少年喜爱的那个男孩哈利·波特,险些无法"出生"。

1990年夏天,在曼彻斯特前往伦敦的火车上,从小就热爱写作、喜欢想象的罗琳正呆望着窗外。忽然,她"看见"一个身材瘦弱、皮肤白皙、戴着眼镜的小巫师在车窗外对着她微笑。接着,鬈发的小女孩、金发的小男孩……小巫师的朋友们一个一个"出现",一大堆画面随着火车的行驶一个一个"闪现"。在火车快到站时,一座神秘的城堡"出现"在尽头。当时的罗琳没有带纸笔,但这个小巫师的故事已经在她心中埋下了种子。那是《哈利·波特》最初的模样。

而后的几年时光里，母亲的离世，个人的离婚、失业等事情接连打击着她，但她并没有放弃文学创作。1993年，被丈夫赶出家门的罗琳带着年幼的女儿和《哈利·波特》的手稿，租住在一间没有暖气的公寓里。没有工作的她靠着政府救济金和文秘工作的兼职工资勉强维持生计，每天把女儿哄睡着之后，她便推着婴儿车去到咖啡馆，点一份简单的饮料和食物，抓紧开始写作。

终于在1995年，她完成了《哈利·波特与魔法石》的创作。

然而，从未有过出版经验的她不知道把书稿寄给谁，前前后后寄给了12家出版社和经纪人，但收到的都是退稿信。有的编辑觉得书稿太长、太复杂，有的编辑则觉得魔幻题材儿童文学的市场已经饱和。

无奈之下，罗琳干脆跑到图书馆翻阅《作家和艺术家年鉴》。她翻到一个觉得很可爱的名字——里特（Little），便决定把部分稿子寄给经理人克里斯托弗·里特试试。

里特起初对稿子并不感兴趣，但某天无聊的时候，他随手翻了翻稿子，便被其中的魔法世界吸引住了。他给罗琳回信，希望能看一看剩余的书稿，并答应帮她联系出版。

辗转一年的时间，里特找到了位于伦敦的布卢姆斯伯利出版社，编辑巴里·坎宁安起初并没有信心。他将稿子拿给8岁的女儿爱丽丝试读，爱丽丝读完第一章之后向他索要后面的部分，这才坚定了他出版的决心。

巴里·坎宁安建议罗琳使用更中性的笔名，罗琳便把乔安妮·罗琳改为J.K.罗琳。1997年6月,《哈利·波特与魔法石》在英国出版,首印只有500册,还有200册被送往图书馆,罗琳得到的稿费更是微薄。

刚开始出版的时候,并没有多大反响。几天后,一家美国的代理商打来电话,说她的作品《哈利·波特与魔法石》的版权正在拍卖,一家美国的出版社愿意以10.5万美元的高价买下其在美国出版的版权。

1998年至2007年十年间,《哈利·波特》第二部到第七部相继出版,一部的声浪高过一部,全球掀起了"哈利·波特热"。而罗琳也从当年一个热爱写作的普通女孩蜕变为荣获多项文学大奖的畅销书作家,在咖啡馆里重建了属于自己的魔法世界。

小故事大道理

真正的魔法,是天赋,是热爱,是永不放弃,把一切不可能变为可能。

听见光

1950年的初夏，美国密歇根州萨吉诺的医院里，一个早产儿在保温箱里挣扎着呼吸。保温箱里的氧气保住了他的命，却永久熄灭了他眼中的光。这个早产儿名叫史蒂夫兰·哈达威·贾德金斯，由于在保温箱中意外吸入了过多的氧气而导致失明。那时的他不会知道，多年以后，命运给他关上一扇窗的同时，也为他打开了一扇门——一扇用音符编织的门。

1954年，小史蒂夫兰随离婚后的母亲搬到底特律生活。母亲卢拉是一个普通家政工人，却是一个十足的音乐爱好者。打小史蒂夫兰有记忆起，家中老式收音机就经常播放福音、布鲁斯和爵士乐，母亲在厨房做饭时也会哼着灵歌，这些音乐成为小史蒂夫兰最初的"语言"。

得益于家庭环境的熏陶，小史蒂夫兰4岁便会吹口琴。母亲发现他能靠触觉和听觉"解码"旋律后，更是省吃俭用买了一架二手钢琴供他学习。在母亲的支持下，小史蒂夫兰5岁开始学习钢琴，并在教堂唱诗班唱诗，到了11岁已经能够演奏10多种乐器。

11岁的某一天，命运的齿轮开始转动。他与好朋友约翰·格罗弗组成的二重唱组合，被引荐给摩城唱片老板贝利·高迪。录音室里，戴着墨镜的小史蒂夫兰口琴吹奏布鲁斯，脚尖打着节拍，头颅随着节奏摆动，仿佛能看见隐形的舞伴。贝利·高迪被小史蒂夫兰的音乐天赋震撼，当即决定签下他。小史蒂夫兰以"小史蒂夫·旺德"为艺名出道，一首现场演奏的《指尖》让全美疯狂。

然而，年少成名的他并不满足于此。成年后的他攥着多年的合同冲进办公室，坚持要掌控自己的音乐。他说，他不是马戏团的猴子，他要用音乐丈量世界。

他尝试不同的乐器，探索各种音乐类型，关心社会议题。1973年8月3日，他发行第16张录音室专辑《内心视界》（Innervision）。在这张专辑里使用大量合成器的同时，他注入了自己对社会议题的思考。

史蒂夫·旺德用耳朵收集了七十多年的风声、雨声、笑声、哭声，并将它们熔炼成穿越黑暗的光。上帝忘了给他眼睛，却在他的掌心放了一颗会唱歌的星星。

小故事大道理

　　有乐评人曾评价史蒂夫·旺德："这个看不见的人，为我们打开了第三只眼。"真正的障碍从来不在外界，只要心有热爱，一样能将生命的"不完美"谱成震撼世界的乐章。

心怀梦想，人生就不会暗淡

　　张中臣，来自安徽砀山的农村，那里有着广阔的田野，却未曾给予他一条通往梦想的坦途。起初，他踏入专科院校攻读模具专业，毕业后一头扎进空调厂，成为流水线上一名默默无闻的工人。每日与冰冷、单调的机器相伴，刺鼻的机油味和繁重的劳作，几乎将他的朝气磨灭。

　　2011年国庆假期，他毅然辞职奔赴北京，投奔在北京电影学院当保安的哥哥。当时他就住在电影学院的保安队宿舍里，闲暇时随意旁听的一节课，在他心里种下了名为"电影"的种子。他记得第一节课讲的是李安的《喜宴》。他说那是他第一次全神贯注地听课，他没想到电影那么有意思。当保安的日子里，白天，他身姿笔挺，守护着校园的一方安宁；夜晚，他像个"游击队员"，悄悄潜入教室，眼睛里闪烁着求知若渴的光芒，如饥似渴地聆听着每一堂电影课程，汲取着知识的甘霖。

终于，皇天不负有心人，他成功考上北电专升本，正式踏入那梦寐以求的专业殿堂。在校期间，他忙得像个陀螺，既是穿梭于片场的场务，又是紧盯屏幕的剪辑师，在实践的磨砺中，一点点雕琢着自己的技艺。毕业后，现实的寒风呼啸而来，为了生计，他凭借剪辑技能勉强糊口。可即便身处窘迫境地，他手中的笔从未停下，剧本上的每一个字，都是他梦想的注脚。

苦心人，天不负。他的首部电影《最后的告别》横空出世。这部电影的灵感来源于他家乡的真实事件，更来自他对日常生活的细致观察。这部电影在FIRST电影节上，一举斩获最佳影片、最佳导演双奖，惊艳全场，让业界纷纷投来赞叹的目光。如今，这部饱含心血的作品已经登陆院线，接受观众的检验。而他早已马不停蹄，奔赴第二部电影的创作战场，向着电影艺术的巍峨巅峰，无畏攀登。

环顾四周，张中臣绝非孤独的勇士。在高校的每一寸土地上，都有怀揣梦想的逐梦者留下的足迹。清华的"馒头神"，在烟火氤氲的食堂，用沾满面粉的手捧起书本；北大的保安，站岗间隙，沉浸在知识的海洋。还有宿管阿姨、素人写作爱好者范雨素、风餐露宿的外卖小哥……他们出身平凡，没有厚实的羽翼庇佑，教育背景也略显黯淡，却都能以钢铁般的决心，在岁月的惊涛骇浪中，奋力划桨前行。

王祥龙

小故事大道理

职业、学历或出身并不能完全定义一个人的未来。只要找到自己的热爱,即使资源有限,一样可以通过自我教育,实现认知突围,打开新世界。

世界也要为这份孤勇让路

《哪吒之魔童闹海》（简称《哪吒2》）成为2025年春节档的最大赢家，创造了华语电影的奇迹！

提到这部电影，就不能不提到导演饺子。他是这部系列电影当之无愧的"灵魂"。

饺子本名杨宇，出生于四川泸州一个普通家庭，从小就喜欢画画。高考时，考虑到未来的就业，他遵从父母的安排，填报了华西医科大学。然而，他内心对动画的喜欢并未因此改变。大学校园丰富的学习资源，宽广的交流舞台，为他学习动画制作提供了便利。

在同学的推荐下，他第一次接触到三维制作软件Maya，从此便一发不可收拾。他通过网上教程，模仿制作动画作品，从熟悉到熟练，到最后能独立做出比较成熟的作品。大学毕业后，他没有从医，而是入职一家广告公司。但他对动画的热爱已深入骨髓，不可救药。工作一年后，他递交了辞职报告。

从此，杨宇开始了居家钻研动画作品的生活，每天除了吃饭、睡觉，就是坐在电脑前。其间，他遭遇了各种状况，背负着精神和经济上的沉重压力。父亲在他刚参加工作时就去世了，他和母亲相依为命。自学动画的三年，母子俩全靠母亲每月1000元退休金生活，日常开销节俭到了极致。面对儿子的"啃老"，母亲没有抱怨，只是说："做你想做的，但别饿死。"

2008年，一部时长为16分09秒的短片《打，打个大西瓜》诞生了，它的独特画风让人眼前一亮，在网络平台上引起巨大反响，在国内外更是获奖无数，被媒体称为"华人最牛原创动画短片"，也让导演"饺子"从幕后走向了台前，成为影视圈里的新秀。

杨宇并没有淹没在荣誉的海洋之中，而是默默地选择回家继续创作。他心里很清楚，动画作品一直不是院线的主流，各大导演热衷于大明星、大场面、大制作的商业片。然而，从《打，打个大西瓜》片尾拉出的超长偶像名单就能看出，他是一个追求完美的理想主义者，决不会为现实而改变自己。

因此，当有投资人主动提出，愿意给他三到五年时间，让他全身心去做一部作品时，他毫不犹豫就答应了。他创办了可可豆公司，先后制作了《哪吒之魔童降世》（简称《哪吒1》）和《哪吒2》。

从哪吒的形象，到剧本里每一个角色、每一条故事线，再到特效制作、剪辑成片，两部《哪吒》饱蘸杨宇的心血。当初立项时，单是哪吒的形象设计，就有上百种。《哪吒1》中的天兵天将和妖族的数量有2亿之巨，工作人员花了一年半的时间，才呈现出"千军万马"的壮阔景象。《哪吒1》一举拿下50.35亿元票房，摘取2019年暑期档桂冠。到了《哪吒2》，由于第一部的成功，在观众更高的期待之下，他更是玩命儿跟团队死磕。《哪吒2》仅申正道与哪吒竹林大战时5秒的水爆镜头，就迭代了20次，来回调试了两个月。为了给观众呈现最佳效果，杨宇甚至亲自配音。144分钟背后，是4000多名动画人五年半辛勤的付出。

　　杨宇及其主创团队的殚精竭虑，对细节的完美追求，观众有目共睹，感同身受。短短十几天，作品一再创造奇迹，杨宇面对采访镜头，有些淡然，甚至有些诚惶诚恐。对于家人背后的付出，他道出了内心最真诚也是最朴素的感谢："感谢我的父母，他们是世界上最好的父母，没有他们的开明豁达，我不可能转行；没有父母的无私支持，我不可能不放下梦想，为五斗米折腰。"他时常想起在最困难的时候，母亲没有劝他转行，没有打击他的信心，而是给了他生活和精神上的支持。"因为我的家庭是很和谐的，我能走上这条道路也是多亏了父母对我的支持与包容。所以我希望能把自己的真实感悟、感触，融入我的作品中。"

　　相比《哪吒1》上映前做宣传时，饺子的白头发明显变多了。他说："反正人都会老，但可以一直做自己喜欢的事，很幸运。我希望能一直做动画，哪怕到生命最后的那一刻。"

唐晓是

小故事大道理

在一个人人都在谈论如何安全"上岸"的时代，导演饺子用亲身经历告诉我们，不随波逐流会付出怎样的代价，而真正的热爱又会带来何种巨大的能量。就像他在北大演讲时所说："当你为一件事赌上全部尊严，世界终会为这份孤勇让路。"

孤掌一样能鸣

在美国,有个普通的铁路工人家庭,家里的孩子多达22个!排第20位的是个小姑娘,由于早产,她出生时体重仅有2公斤,后来又不幸得了肺炎和猩红热,高烧过后患上了小儿麻痹症,左腿萎缩,一度无法走路。父母曾先后给她定制了金属绷带和铁鞋,让她进行康复训练,以期有所改善。然而效果并不明显,小姑娘一度很苦恼,看不到自己的将来有什么希望。

而且随着年龄的增长,小姑娘的自卑感越来越重,性情忧郁,脾气古怪,拒绝和人交往。幸好,她家隔壁有一位慈祥的邻居。老人在战场上失去了一只胳膊,但是他乐观、健谈,经常和小姑娘逗乐,给她讲故事。

有一回,他们到附近一所幼儿园去玩,孩童们纯真的歌声吸引了他们。当几首歌唱完,老人说:"我们为他们鼓掌吧!"小姑娘吃惊地看着老人,疑惑地说:"你只有一只胳膊,怎么鼓掌啊?"老人笑笑解开衬衣扣子,露出胸膛,然后用一只手掌拍起了胸膛。

这件事让小姑娘震惊不小。回家后,她写下了一张字条:"孤掌一样能鸣!"并立即贴在了墙上。从那之后,小姑娘开始更加刻苦地进行康复训练。再加上哥哥姐姐们都支持她、帮助她,在小姑娘9岁那年,她已摆脱了金属绷带。她11岁时,彻底脱掉了铁鞋……一种奔跑如飞的感觉,使她的运动天赋不断展现,并最终一鸣惊人。在1960年的罗马奥运会上,她连获100米、200米和4×100米接力三项金牌。

这个小姑娘便是:威尔玛·鲁道夫。她是奥运史上的第一位黑人女子百米冠军,被誉为"黑羚羊"。由于其成绩卓著,经历感人,2004年,美国专门为她发行一枚纪念邮票,发行量超过了1亿枚。

从一个小儿麻痹症患者,到成为名副其实的女飞人,这之间的跨度和难度有多大?连威尔玛·鲁道夫本人都觉得不可思议吧。因此,在功成名就后的多次演讲中,威尔玛·鲁道夫都深情地说到了那个慈祥而乐观的老人,以及他的"巴掌拍胸膛"所发出的令人震惊的喝彩!

羊白

小故事大道理

在我们的成语中,历来有"孤掌难鸣"的说法。事实是,庸常的生活很容易使我们陷入某些思维定式,由此还没开始就先为自己设置了"不可能",从而导致机会的流失和潜能的发挥……有时候,遇到困境,换个思维,孤掌一样能鸣,不可能也能变为可能。

要给国家争一个"不可能"

在2024年第三季度"荆楚楷模"上榜人物名单中,郑钦文的名字赫然在列。

巴黎当地时间2024年8月3日,郑钦文击败克罗地亚选手维基奇,夺得网球女单冠军。这是她获得的首枚奥运金牌,也是中国奥运网球单打项目的首枚金牌!

在别人眼里,郑钦文算得上是一个幸运儿。她的父亲郑建坪曾经是专业的田径运动员,她不但遗传了父亲良好的体育基因,还受到父亲潜移默化的正面引导。

2008年北京奥运会时,郑建坪带着六岁的女儿,千里迢迢去北京看比赛。他们看了很多个项目,直到某一场网球比赛,让郑钦文忽然有了眼前一亮的感觉,她彻底迷上了这项运动。

一开始他们还是抱着玩玩的心态,随着女儿的进步,父亲意识到,应该让她接受更高水平的训练。于是他们来到了省城武汉，郑钦文在这里发现尖子生很多，自己的水平显得很一般了，但别人的优秀反而激发了她内心的斗志。老师每次布置完训练任务，别的小朋友都是偷懒或是压线完成，郑钦文不但实打实地完成，还偷偷地加练。

夜以继日的艰辛训练，换来的是大踏步的超越。2011年，不到10岁的郑钦文拜师李娜的恩师余丽桥。余教练脾气火爆，对学员的要求总是特别高，但她发觉郑钦文"不像别的孩子那么老实""如果两个人一组打20个球，她会偷偷地打到30个才跟人交换，总是想尽办法多练"。

2014年，郑钦文参加全国青少年网球排名赛12岁组别的比赛，一举获得女子网球赛事单、双打两项冠军。此后，她又分别师从卡洛斯教练和佩雷·里巴教练，进步神速，将自己的世界排名提升了600位，跻身前50名，因此被称为"火箭女孩"。

2022年3月，郑钦文第一次杀入国际女子网球比赛的正赛。在决胜盘4∶1领先的局面下，连丢五局，输给了对手。比赛结束后，郑钦文给父亲打电话，哭得稀里哗啦，言辞间充满了自责："如果我再努力一点，如果我再拼命一点，结果就不会是这样了。"父亲告诉她，打球要冷静，要懂得永远拼搏的道理，但在赢下对手之前，首先要说服自己："我凭什么赢她？"

2024年巴黎奥运会，郑钦文终于给出了自己的答案：因为热爱，因为坚持；为了对老爸的一个承诺，为了给国家争一个"不可能"。她的半决赛对手，是世界排名第一的斯维亚特克，而在此之前的交锋中，郑钦文六战全败。可这个"00后"小将，却靠着顽强拼搏的精神，沉着应对，获得了这场弥足珍贵的胜利。

赛后她坦言："我的身体已经到达了某种极限，但如果现在需要我为我的国家再打三个小时的网球的话，我仍然会拼尽全力！"巴黎奥运会网球女单决赛时，面对来自克罗地亚的选手维基奇，已战胜心魔的郑钦文，用干脆利落的2∶0横扫了对手，为中国队摘下这枚珍贵的女单金牌，创造了全新的纪录。

唐晓是

小故事大道理

郑钦文的父亲教会她思考"我凭什么赢她？"，我们每个人也要学会思考"我凭什么实现梦想？"。

一生都在奔跑

有一位坦桑尼亚老人在奥运赛场上没有获得过任何奖牌，但直到现在，他所到之处仍受到英雄般的追捧，他就是赫赫有名的奥运英雄阿赫瓦里。

1968 年墨西哥奥运会的马拉松比赛，阿赫瓦里在途中意外受伤，经过简单包扎后，他忍着伤痛，跟跟跄跄地继续比赛。直到晚上 19 时，他才跌跌撞撞地跑进了主会场。此时，比赛已经结束了一个多小时，赛场上只剩下工作人员和即将离去的观众。望着腿缠绷带、步履蹒跚的阿赫瓦里，现场一片寂静，短暂的沉默后，赛场上响起了热烈而又经久不息的掌声。阿赫瓦里最终以 3 小时 25 分 27 秒跑完了全程。他在夜幕的映衬下一瘸一拐地跑进体育场这一场景成为奥运史上经典的一幕。赛后，有人问他："为什么在受伤后还不放弃比赛？"他说出了奥运史上最朴实也最震撼人心的话："我的祖国，把我从 7000 英里外送到这里，不是让我开始比赛，而是要我完成比赛。"

1992年巴塞罗那奥运会上，又诞生了一位不是冠军的英雄。在400米半决赛上，英国选手雷德蒙德排在第五道，而大名鼎鼎的刘易斯排在第三道。比赛开始后，状态出色的雷德蒙德取得领先地位。在离终点只剩下不到200米时，全力冲刺几乎铁定要进决赛的他突然右腿肌肉拉伤，摔倒在跑道上。看台上他的父亲和医务人员立即冲了过去。冀望奥运夺牌的雷德蒙德非常失望，泪水顺着脸颊滴到跑道上。就在所有人都认为雷德蒙德将结束比赛时，雷德蒙德做出了一个令大家惊愕的举动：他拒绝了担架，慢慢爬起来，忍着剧痛，在父亲的搀扶下，单脚一点点向终点跳去。

全场观众为他的拼搏精神深深震撼，观众席上山呼海啸为他加油助威。临近终点，父亲放手让儿子自己完成了比赛。许多观众泪流满面，此刻，人们忘记了冠军是谁，只记得雷德蒙德这个名字。

阿赫瓦里和雷德蒙德都没有在奥运会上夺取过任何奖牌，但他们所表现出的奥运精神远比奖牌更熠熠生辉。如今的阿赫瓦里生活在一个小村庄里，村里没有电视和电话。有人问他对自己的生活是否满意，他这样回答："我对生活毫无怨言，因为我永远在奔跑。"而如今的雷德蒙德是一位励志演说家，他用自己的故事去感染青少年，他经常演讲的题目是：向冠军冲刺！

清山

小故事大道理

　　双脚可以藏在鞋子里安逸,精神却不能躲在枷锁中长眠。阿赫瓦里和雷德蒙德虽然未能战获得奖牌,但两人"一生都在奔跑"的精神却征服了亿万人的心。

飞人乔丹是怎样炼成的

青春期的迈克尔·乔丹,并不像后来那个在 NBA 赛场上叱咤风云的超级明星那般耀眼。事实上,他的篮球之路并不是人们想象的那样一帆风顺。

高中的时候,乔丹怀揣着对篮球的热爱和梦想,满心期待能加入校队。然而,命运并没有给他一个顺利的开局。教练认为他的身高不够,体形也不够强壮,毫不犹豫地将他拒之门外。

那一刻,乔丹感到前所未有的挫败,似乎整个世界都在告诉他,他的梦想是遥不可及的。

令人钦佩的是,这次挫折并没有让乔丹沉沦和放弃,相反,挫折激发了他内心深处的斗志,点燃了他对成功更强烈的渴望。他下定决心要证明自己,不仅要向教练、向队友证明,更要向自己证明:他完全有能力成为一名顶尖的篮球运动员。

从那一刻起,他开始比以往任何时候都更加努力地训练。

乔丹抓住一切机会来提升自己的篮球技术，几乎每一天都在球场上挥洒汗水。他不断练习投篮、运球、防守，任何一个细节都不放过。与此同时，他还通过刻苦的体能训练来增强自己的力量，弥补体形不够强壮的不足。

他用顽强的毅力鞭策自己，日复一日地训练，拒绝让一次失败决定自己的人生。

乔丹的坚韧不拔和对篮球的执着终于得到了回报。他不仅成功入选了校队，还逐渐展现出非凡的篮球天赋。所有人都开始重新审视这个曾经被忽视的少年。他不仅凭借天赋，更依靠无与伦比的努力和坚持，迅速从一个"被拒绝的球员"成长为校队的核心。

高中阶段那段艰苦的岁月，为他打下了坚实的篮球基础，也磨砺了他不服输的性格和强大的心理素质。

最终，乔丹成为篮球历史上最伟大的运动员之一。他在NBA赛场上的辉煌成就几乎无人能及——六次总冠军、五次常规赛MVP，以及无数经典的瞬间。乔丹曾说："我可以接受失败，但我无法接受从不尝试。"他用亲身经历证明，只要保持坚定的信念，不断努力，任何看似不可能的梦想，都有可能成为现实。

唐晓是

小故事大道理

　　生活并不是一场与别人的竞争,而是一场与自己的比拼。走好你自己的路,珍惜每一段旅程。最终你会发现,正是这些所谓的"困难",让你变得更加坚强与独立,找到真正的自我。

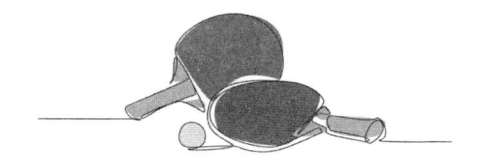

名师的第一课

张慧很喜欢打乒乓球，为了提高球技，她父亲特意替她找了位乒乓球名师，准备让她好好精进一番。

这天，父亲带着张慧去拜见名师，这位名师曾在省级乒乓球比赛中获得名次，在县里更是首屈一指的乒乓界红人。张慧见了名师后，名师拿起乒乓球拍对她说："我每局让你十分，咱们比试比试。我们比三局，胜我一局就算你赢。"张慧一听很不服气：乒乓球比赛，打满十一分就赢，名师让她十分，他就只剩下一分，输掉这一分就意味着输掉一局比赛。百发百中的神枪手也有马失前蹄的时候，瞎猫还能碰上死耗子呢？再说，平时张慧经常打乒乓球，同学之间比赛也是赢多输少，名师难道真的是不可战胜？抱着这种想法，张慧和名师的较量开始了。开头一分二分，张慧打得很拘谨，输到五六分的时候有点急躁，输到八九分，就想到放弃这一局，然后准备在下一局得分。就这样输了一分又一分，不知不觉中，让张慧感到意外的是，名师竟然没有给她赢一分的机会，三局比赛张慧全都输了。

比赛结束后，张慧红着脸想交还球拍。三局比赛一分没得，张慧拜名师的梦想也破灭了。就在张慧满脸失望的时候，名师又对张慧说："现在我一分都不让你，我和你再比三局。"张慧一听，连忙摆摆手说："让我十分都不是对手，一分不让那我就输得更惨了。"这时候，父亲却走过来拍拍张慧的肩膀说："师傅让你比，你就试试。"张慧拗不过父亲，只得重新拿起球拍与名师对阵起来，奇怪的是，第一局比分为三比十一，第二局和第三局都是四比十一。这三局比赛，虽然张慧每局都输了，可张慧竟然从名师那里赢了十一分。

比赛结束后，名师拍了拍张慧的肩膀说："不错，你就在我这里练球吧。"得到名师肯定的答复，父亲和张慧悬着的心都放了下来。

回家的路上，张慧对这两场比赛总感到不解：名师每局让她十分，三局比赛她竟然一分没得；名师一分不让，她却赢下了十一分，这究竟是怎么回事呢？

父亲见张慧眉头紧皱的样子，笑笑说："给自己留一分，就是置之死地而后生啊。"张慧听了恍然大悟：名师让她十分，只给自己留一分，他把自己逼入了绝境，自然要百分之百打好比赛的每一分。对张慧来说，对方让她十分，使她觉得自己反正有的是机会，结果反倒失掉了一次又一次取胜的机会。而在第二场比赛中，名师不让分就没了这份压力，结果反而给了张慧取胜的机会，张慧能从名师手上得分也就顺理成章了。

从那以后，名师的第一课深深印在张慧的脑海里。在后来的乒乓球训练和比赛中，张慧还渐渐领悟到：让你十分的比赛，不仅包含绝处逢生的道理，反过来，也给即将取胜的人一个警示——留给对手的最后一分，同样可能给你造成致命的失败。

张以进

小故事大道理

人生如赛场，顺境中需警惕"优势幻觉"，逆境中要善用"绝对反击"；对待成败，既要有"每分皆生死"的敬畏，也要有"破局重生"的智慧。真正的胜利，始于对"最后一分"永不松懈的执着。

一张空白的试卷

有一天,一位教授走进教室,给他的学生们准备了一个突击测试。学生们在办公桌前焦急地等待考试开始。教授分发了试卷,但在他喊开始之前,学生们不能翻开试卷答题。

在所有学生拿到试卷后,教授说:"大家可以翻开试卷答题了。"然而,令所有人惊讶的是,试卷上没有文字,只有一个黑点在页面中央。

教授看到大家脸上的表情,对他们说:"我希望你们把你在试卷上看到的写下来。困惑的学生们开始了这个莫名其妙的任务。在课程结束时,教授拿走了所有的试卷,开始在所有学生面前大声朗读每一份试卷。学生们都无一例外地描述了黑点,试图解释它在纸张中间的位置。

读完所有内容后,教室里一片寂静。教授开始解释道:"我不打算给你们打分,只是想给你们一些思考:没有人提到试卷上空白的部分，每个人都专注于黑点。同样的事情也发生在我们的生活中。我们本可以观察和享受空白的部分，但我们总是关注黑点。我们的生命是上天赐给我们的礼物。每天有很多开心的事情可以庆祝，比如大自然每天都在更新、周围友善的朋友、能让我们有成就感的工作以及很多小事情。

"然而，我们常常只关注那些黑点：困扰我们的健康问题、并不富裕的生活、与家人的复杂关系、对朋友的失望等。与我们生活中的'白纸'相比，黑点其实非常小，但它们是污染我们思想的黑点。将你的眼睛从生活中的黑点上移开。享受生活给你的每一刻。快乐并积极地生活！"

小故事大道理

生活总有好事和坏事，积极和消极的一面。但是，我们必须始终更加专注于健康和幸福生活的积极因素。无论如何，生活都会继续，所以不要过分执着于生活里那小小的"黑点"。

沙子的命运

很久很久以前，有一个养蚌人，他想培育一颗世界上最大最美的珍珠。

他去大海的沙滩上挑选沙粒，并且一颗一颗地问它们，愿不愿变成珍珠。那些被问到的沙粒，一个个都摇头说不愿意。养蚌人从清晨问到黄昏，得到的都是同样的回答，他快要绝望了。

就在这时，有一颗沙粒答应了。因为，它一直想成为一颗珍珠。

旁边的沙粒都嘲笑它，说它太傻，去蚌壳里住，远离亲人朋友，享受不到阳光、雨露、明月、清风，甚至还缺少空气，只能与黑暗、潮湿、寒冷、孤寂为伴，多么不值得！

那颗沙粒还是义无反顾地跟随养蚌人去了。

斗转星移，几年过去了，那颗沙粒经过岁月的磨砺，已长成了一颗晶莹剔透、价值连城的珍珠，而曾经嘲笑它的那些伙伴们，有的依然是海滩上平凡的沙粒，有的已化为尘埃。

不要去嫉妒珍珠，当初它选择成为珍珠的时候，别的沙子都不愿意。也不必过分仰慕珍珠，毕竟每个人都有自己的人生。沙子也有沙子的幸福，虽然它不能闪闪发光。

唐晓是

小故事大道理

现实生活中，人们总是免不了要赞美、仰慕那些光芒四射、耀人眼目的成功者，有意无意地以此来表达对默默无闻的普通人的轻视。但一颗沙子可以义无反顾地追求成为一颗熠熠生辉的珍珠，也可以厮守在亲人朋友身旁，在阳光、雨露、明月、清风的陪伴下，做一粒普普通通的沙子，或者跟随一阵欢快的波浪去探索未知的世界。最重要的是，做最好的自己。

谁会放弃？

美国一位著名的篮球教练，被聘请去执教一支成绩很差的大学球队。这支球队因为刚刚连输了 10 场比赛而解雇了原来的教练。

新教练给队员灌输的观念是："过去不等于未来。""没有失败，只有暂时的挫折。""过去的失败不算什么，这次是全新的开始。"

然而，第 11 场比赛中场结束时，这支球队还是落后了 30 分。

回到休息室，每个队员都垂头丧气。教练问道："你们要放弃吗？"球员口头上都表示决不放弃，可肢体动作表明，他们已经承认失败了。

于是，教练继续发问："各位，

假如今天是篮球之神迈克尔·乔丹连输 10 场,在第 11 场又落后 30 分,他会放弃吗?"队员们答道:"他不会放弃!"

"假如今天是拳王阿里被打得鼻青脸肿,但在钟声还没有响起、比赛还没有结束的情况下,你们认为,拳王会放弃吗?"队员们答道:"不会!"

"假如发明大王爱迪生来打篮球,他遇到这种状况,会不会放弃?"队员们回答:"不会!"

接着,教练问了第四个问题:"在类似的情况下,米勒会不会放弃?"

这时全场非常安静。有人举手问:"米勒是谁?"

教练一脸淡淡的微笑说:"这个问题问得非常好,因为米勒以前在比赛的时候选择了放弃,所以你们从来就没有听说过他的名字!"

结果他们打赢了那场比赛。

唐晓是

小故事大道理

成功往往来自"再坚持一下"的努力。哈佛大学推荐的"20 个可以让人更快乐的好习惯"中,"Don't give up!"(不要放弃!)最值得记取。现实生活中,很多人往往在距离成功只有一步之遥时选择了放弃。只有那些拥有顽强意志、必胜信念和果敢行动的人,才能登上人生的巅峰。

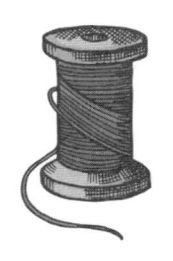

生命的补丁

不久前，女儿一双磨砂皮鞋晒在门口，不知被哪个缺德的人用刀片划了一道长长的口子，那是我们花了两百多元买的新鞋，上脚没几天就不能再穿，女儿难过得哭起来。

我把鞋子拿到小区门口的皮鞋手工店，小学徒看了一眼说："没办法，除非换皮换帮。"老师傅接过来看了看，说："你要是放心的话，我就在皮鞋上再多划几道口子，两只鞋子上都划上。"我不解地问："为什么？"老师傅说："这样看起来显得对称，是刻意而为，会显得别具一格，又不影响穿着。"我还是不太理解，反正死马当作活马医吧，我把鞋丢下走了。第三天下班我顺便去取鞋，一眼就发现那双鞋。鞋子上果然又被划了五六道伤痕，用铁锈红色的软皮补好；四周用的是粗针大线的细麻绳，针脚故意歪歪扭扭，显得质朴粗犷，与磨砂皮的风格一致。一双鞋看上去比先前更独特也更有趣，不仅有实用价值，而且更具审美品位。我连声夸道:"师傅手艺真棒。"

在流水线上打工的妻妹有一天拿出一件衬衫给我们看,那是一件白衬衫,因为不小心被钉子勾住,后背上撕出老大一个口子,她惋惜地说:"一百多块买了件衬衫,才穿了三天就不能再穿了。"老婆接过来左看右看,说:"我拿回家帮你补补看。"结果三天后,再一次看到那件衬衫时,我惊呆了:所有不规则的裂痕和口子全被小心地用细细的白丝线手工缝合,那些被白丝线缝合的裂痕呈树枝状,看上去就像北方冬天树枝上的冰花或雾凇一样,美极了。为了强调这种效果,老婆特地还在树枝下方用花棉布头拼贴了一个胖乎乎的小雪人和森林木屋。一件本因撕毁不能穿的衬衫,现在变得完美而独特。我赞叹道:"太漂亮了,就像艺术品一样。"老婆说:"都是那个修皮鞋的老师傅给我的启发。"

划痕或破洞,原本是一种遗憾,却可以通过巧手匠心,让它呈现出一种完美。老婆的话也给了我启发:世界上万事万物不可能总是十全十美,这也不符合规律。补丁作为一种缺憾是免不了的,人的生命也是这样,有着种种缺憾——伤害、残疾、病痛等等。伤口既已存在就无法回避,你不能指望展示伤口博人同情，那没有任何实质意义。你能做的和你该做的，就是用补丁缝合伤口，并且还要努力在伤口上开出最美丽的花朵。生命之所以有意义就显现在这里——被处以宫刑的司马迁、双目失明的博尔赫斯、耳聋的贝多芬、瘫痪了坐在轮椅上的史铁生，他们的成就，就是为残缺的、不完美的生命打了一个最完美的"补丁"。

高新刚

小故事大道理

当我们因为生命的某些缺憾而悲伤时，应该懂得生命和任何事物一样是没有完美的。感动中国人物蔡冬凤，幼时失去双手和双脚，她并没有怨天尤人，而是几十年如一日自立自强，75岁高龄依然坚持用残腿"跪着"赡养105岁的老母亲。想想他们，我们健全人有什么理由不珍惜自己的生命呢？

承受蚂蚁的叮咬

　　亚马孙雨林中有一个土著部落，那里的酋长有三个儿子，都是风华正茂的好年纪，长得一表人才。酋长年纪大了，就想将这位子传给儿子，可是三个儿子他都喜欢，却不知道选谁。正在为难之际，手下长老给他出了一个主意。酋长听完，觉得有道理，就将三个儿子叫到身边，说了自己的想法：就是想让三个儿子比赛一下，谁取得最后的胜利，谁就是最终的酋长人选。三个儿子答应了。

　　比赛的项目很奇怪，既不是射箭，也不是摔跤，更不是打猎，而是让一种蚂蚁叮咬。

　　这可不是一种寻常的蚂蚁，它的名字叫子弹蚁，它的身长有三厘米，奇毒无比；让子弹蚁咬你一口，你不会死，但你一辈子也不会忘记，它的叮咬给人以子弹穿过般的剧烈疼痛感，子弹蚁也正是由此得名。这是世界上已知最疼的叮咬。在施密特叮咬疼痛指数中,子弹蚁被描述为"带给人一浪高过一浪的炙烤、抽搐和令人忘记一切的痛楚,这一煎熬可以持续 24 小时而不会有任何减弱。"所以一般人宁愿被毒蝎子蜇,也不愿意让子弹蚁叮咬。

三个儿子没有退缩,勇敢地接受了挑战。大儿子首先出场,部落长老在他身上放了一只子弹蚁。惊慌的子弹蚁马上叮了大儿子一下,同时将毒素注入他的体内。只见他先是颤抖了一下,接着就满脸通红,面部扭曲,可见正在忍受巨大的痛苦。酋长示意长老放入第二只子弹蚁,还没等长老靠近,大儿子就连声讨饶:"不要再放了,我受不了了。"酋长露出了失望的表情。

接着是酋长的二儿子出场,部落长老同样将一只子弹蚁放在他的身上,他勇敢地坚持着。接着长老又放入了第二只子弹蚁,二儿子就开始受不住了,大声地呻吟起来。

酋长的小儿子虽然脑筋灵活,但是他身材单薄,能承受住子弹蚁的叮咬吗?酋长担心地看着小儿子,小儿子却勇敢地对着他点了点头。接着,长老在他的身上放了一只子弹蚁、两只子弹蚁、三只子弹蚁……酋长的小儿子最后竟然忍受住了五只子弹蚁的叮咬,这让部落里所有的人都大吃一惊,他也理所当然地成为部落新的酋长。

酋长的小儿子胜出之后,酋长私下将他叫到身边,问他:"我活了几十岁,还没有见过谁能承受住三只子弹蚁的叮咬,告诉我,你是怎么做到的?"小儿子在父亲面前没有撒过谎,就说了实话。

原来,子弹蚁虽然厉害,但是它也有克星,那就是一种比它体形更小的驼背蝇，因为驼背蝇能分泌一种分解蚂蚁毒素的液体，会把卵产在这个庞然大物的身上——子弹蚁的体形要比它们大上100倍。它们的幼虫注定可以大吃一顿了。而酋长的小儿子大脑灵活，善于观察，早就知道了这个秘密，所以他在承受子弹蚁叮咬之前，早就从驼背蝇身上提取了不少这种解毒的液体，并且服用了，从而解了毒。

酋长的小儿子讲述完毕，就请父亲收回让他做酋长的命令，因为他作了弊。酋长微微一笑说："为什么要取消呢？孩子，你记住，做酋长不光要有一身健壮的肌肉，更需要有一颗灵活的脑袋。"

林华玉

小故事大道理

真正的领导者不仅是最坚韧的承受者，而且是最聪明的破局者。智慧与策略往往比单纯的力量或忍耐更能决定成功，尤其是在领导力方面。

让思想拐个弯

从小,他生活在一个贫困的家庭。饥一顿饱一顿的生活状态,让他的个子比同龄人矮了一大截。在他15岁那年,他不得不离开亲人,自己到外面找工作。

他来到一家麦当劳餐厅,找到了店长,表达了求职的想法。店长看到面前站着的这个小男孩衣衫褴褛、土里土气、瘦骨嶙峋,一副营养不良的样子,就委婉地拒绝了。男孩听了,失望地离开了。

过了几天,店长正在餐厅忙活,看到那个男孩又走了进来。男孩来到店长面前,再次诚恳地说:"我真的很需要一份工作,请您收下我吧。"店长还是拒绝了男孩的请求。

"店长,刚才我到你们餐厅厕所的时候,看到厕所的卫生状况不是很好。要不这样吧,让我留下来打扫厕所吧,只要供我吃住就行了,不需要工资。"男孩诚恳地说。店长听了,没再拒绝,而是答应了男孩的要求。

就这样，男孩留了下来，负责打扫餐厅的厕所。男孩很努力地做着这份工作。每天天没亮，男孩就起床，把厕所清洗一遍，并每隔一段时间就进去检查一次，保证厕所的清洁。有时睡到半夜醒来，男孩仍要起床去看看厕所是否被弄脏了。男孩还在厕所内摆了许多鲜花，让客人感到赏心悦目。不但如此，他还在厕所内的墙壁上贴了一些名言警句，让客人感受到厕所的文化氛围。渐渐的，他的举动赢得了客人的肯定，店长也看在眼里。三个月后，他被正式录用了。

男孩在成为正式员工、经过正规职业培训之后，被安排在店内各个岗位进行锻炼。勤奋聪颖的他经过几年的历练，全面掌握了麦当劳的生产、服务、管理等一系列工作。最终，他在19岁的时候，被提升为澳大利亚最年轻的麦当劳店面经理；27岁时，他成为麦当劳澳大利亚公司副总裁；32岁时，他被任命为麦当劳澳大利亚公司的执行董事；到38岁的时候，他开始主管麦当劳公司在亚洲、非洲等地区的业务。而在担任总裁兼首席运营官期间，他负责麦当劳公司在118个国家超过3万家麦当劳餐厅的经营和管理，并从2003年1月1日起进入董事会。

他就是麦当劳公司总裁兼首席执行官查理·贝尔，那句众所周知的"我就喜欢"就是他引入的。他的成功并非偶然，这得益于他对事业的执着追求与始终葆有的工作热情。面对15岁时求职的失败，查理·贝尔没有退缩，而是让思想拐个弯，降低自己的求职要求，不但如愿得到了一份工作，甚至成就了辉煌的事业。

现实生活中,当面对无法逾越的障碍时,让思想拐个弯、换一种方式,或许就可以敲开成功的大门。

苏丽梅

小故事大道理

在逆境中应勇于转变思路,以新视角寻找出路,抵达成功彼岸。这个故事生动诠释了灵活变通与不懈追求的价值。

外卖箱里的星空

王计兵把电瓶车停在路灯下，从外卖箱里掏出皱巴巴的笔记本。刚写完一句，手机就响了——系统派了新订单。

这是他送外卖的第七年。四十多年前，他的笔尖曾经悬停在江苏农村的田埂上。家境的贫寒、父亲突遭意外，让初二的他决定辍学，外出打工。后来，他辗转成为建筑工、捞沙工，摆过地摊、收过废品，其间也曾断断续续地写过小说，但手稿不幸被父亲烧毁。即便如此，他也从未放弃过阅读和写作，他去旧书摊看书、去废品站淘书，用路边捡到的烟纸壳、卖水果的纸箱记录下灵光乍现的瞬间，有时是几个词，有时是一个句子。

2018年，为了贴补家用，王计兵开始兼职送外卖。一个冬天的晚上，一个顾客留错了三次地址，导致王计兵前后爬了18层楼才送到，但因为超时，平台给了他罚款。而顾客不仅不道歉，还劈头盖脸训斥了他。阴冷潮湿的冬夜里，寒风在耳边呼呼作响，像刀子一样割着脸颊，王计兵的衣服湿了干、干了又湿。当晚，他写下了《赶时间的人》：

> 从空气里赶出风
> 从风里赶出刀子
> 从骨头里赶出火
> 从火里赶出水
>
> 赶时间的人没有四季
> 只有一站和下一站
> 世界是一个地名
> 王庄村也是
>
> 每天我都能遇到
> 一个个飞奔的外卖员
> 用双脚锤击大地
> 在这个人间不断地淬火

　　云计算将他的命运压缩成手机屏幕里的坐标，但总有些东西是无法计算的。独居的老人、化疗的病人、吵架的情侣……王计兵在送外卖时遇到的普通人、平凡事都在他的笔下成了诗。他的外卖箱里除了餐盒，常年塞着圆珠笔和便利店送的便笺纸。等红灯的九十秒、电梯上升的三十层、顾客迟到的五分钟，都是他写诗的时间。

改变发生在2022年的夏天。诗人陈朝华在读书群里看见朋友分享了一首名为《赶时间的人》的小诗，他觉得立意独特，便分享在了微博上。没想到短短数小时，这首诗的阅读量便超过了2000万。一时之间，人们都记住了那个"从空气里赶出风，从风里赶出刀子，从骨头里赶出火，从火里赶出水"的外卖诗人。

如今的王计兵已经接连出版了几部诗集，还登上了2025年央视春节联欢晚会的舞台。新书发布会、采访等各种活动接踵而至，但他仍在闲暇之余坚持送外卖。他说："别让现在这种生活把写作的感觉磨钝了。"

手机响起新订单提示。他扣紧头盔，把刚得的签名笔仔细插回外卖服侧袋。路灯渐次亮起，无数外卖骑手穿梭在街道上，车尾灯连成跳动的光点。王计兵知道，这座城市巨大的肠胃里，正有千万份温暖在流动，而他的保温箱里，永远留着存放星空的位置。

小故事大道理

每个人都是自己命运的诗人，关键在于是否愿意在现实的裂缝中，种下一粒诗意的种子。我们都是"赶时间的人"，但别忘了给灵魂留座花园。再卑微的生存，也值得用美学的目光重新丈量。

事缓则圆

有个哲学家被国王判处了死刑。

哲学家就这样对国王说:"我非常尊重您的判决,但是我请求把死刑缓期两年再执行。为什么呢?因为我有一项本事,能在两年内教会您的马说话。"

"真的?"国王的好奇心被点燃了,就在半信半疑中答应了。但这事除了国王之外文武大臣谁都不信,连哲学家的朋友也不信。

哲学家就对朋友们说:"重点不在于我能不能教会马说话,而是时间可能解决问题。这两年时间里面,我可能死了,那就不用忍受死刑之苦。还有其他多种可能,比如国王也可能死了、国王也许改变了主意、我也可能跑掉;还有,我可能真找到了让马说话的办法;当然,也可能有奇迹,马真的自己会说话。"

哲学家继续说:"就算马无法说话,至少我争取到了解决问题最宝贵的时间。"我们不是常说"事缓则圆"吗？那时间可能真的是一件神奇的东西。

面对一个问题，我们能想到的，是解决问题的方法；而时间能给的，则可能是我们根本没有想过的策略。

当然，不是所有的难题像上面这则故事那样荒唐。生活中还有更多的难题是完全可以假以时日就能解决的问题。

拳王阿里有一个劲敌，叫乔·弗雷泽。他俩须经三场著名的世纪大战才能确定谁是全美拳王。前两场，两人是平手。到了第三场的时候，双方都已经筋疲力尽，他们心里想的都是：不打了，认输吧，再上场就真要被打死了，还是保命要紧。阿里对自己的教练说："我们把白毛巾扔出去吧。"——在拳击比赛当中，扔白毛巾是投降的标志——教练就问阿里："你真的不想再坚持一下？"阿里迟疑了一会，正要点头之际，乔·弗雷泽的教练却领先一秒钟把白毛巾扔进场内。于是，阿里成了全美冠军，一代拳王。教练多问了一句话，拳王多了一个迟疑，胜利的天平就向他倾斜了。

这真是一个戏剧性的结局，拳王的称号竟是这样得来的。这让我们看出了时间的伟大。

反过来，如果不相信时间能创造奇迹，凡事只想快，结果便是"欲速则不达"，弄不好还折戟沉沙。

清朝时有个秀才带着书童，背了一捆书进京赶考。秀才看天色渐晚，担心城门关闭。秀才路遇一个老者，便问："我今天还来得及进城吗？"老者抬头看看天，回头看看路，说："如果你们不紧不慢地走还来得及。"秀才想：既然不紧不慢都来得及，那我再赶快点岂不是更保险？于是他快马加鞭。结果没走多远，秀才的脚就崴了，书童一个踉跄也摔了一跤，背上的书本散落一地。他们赶紧处置，加速向前。等他们赶到城边时，城门早已关闭。秀才就后悔没听老者的话，如果不紧不慢，也许能顺利进城。

人生不也是一样吗？有时，走得快不如走得慢，走直路不如走弯路。

不过，人生不仅仅只是走路这么简单；该快就疾，该慢则缓，不急功近利，更不急火攻心，也许这反而是人生的捷径。

闻名世界的星巴克也曾经犯过贪多求快的毛病，无限快速扩张差点导致其全军覆没。

星巴克在1994年只有400多家门店，但是到了2007年，它的扩张速度已经变成了每年新开2500家咖啡店——也就是平均每四个小时就会开一家店。

这种急剧扩张带来的副作用是：管理松散，顾客体验变差，销售额下降了一半。他们又不得不开始大量地关店、裁员。

星巴克创始人舒尔茨在他于2011年出版的《一路向前》里面对这段历程做了反思，他说："当不受约束的增长成为一种策略时，我们就迷失了方向。"

凡是易如反掌就能得到的东西，凡是能够以火箭般的速度飞速发展的事业，基本上是没有什么特别价值的。得之不难，失之必易。如果在某个时刻，你觉得办事很容易、很有效率，你反而应该停下来好好想想，自己是不是正在用错误的方法，走在一条"有毒的捷径"上。

现在许多人总是焦虑不安，其本质是缺乏足够耐心，或者说，没有认识到时间具有无形而强大的力量。越是复杂的事情，越需要时间来静观其变、拆解分析、巧妙化解。

在如今这个快节奏的社会，请等一等，让灵魂能跟上步伐。

严新财

小故事大道理

凡事不能太急，急则容易出错；凡事不能单纯求快，快则难以保证质量。所谓"事缓则圆"是也。只有认真感受每一个慢下来的时刻，体会内心的平静和智慧，才能让自己成为更稳重、更睿智的人。

一盆玫瑰花

工作的第九年,我分到了公寓楼的一套房。公寓楼是一栋很老的老楼,从外表上看它,绝对像个高寿的老人。我很珍惜这套来之不易的老房子,把它收拾得干干净净,让人从里面欣赏它,更像是个新房子。

我住在新居里面很舒适,妻子建议买几盆鲜花,既能净化空气,也能美化环境。我觉得她说的话一向很有道理,立即买回来两盆绿萝、一盆文竹和一盆玫瑰,屋里顿时生机盎然。我们没有养花的经验,精心培育一年多,玫瑰才羞答答地开出两朵小花儿。

我休假的时候,打算回老家去陪陪老人。我盯着那盆玫瑰花,看它长得枝繁叶茂,害怕没人给它浇水,万一旱着了,那就实在是太可惜了。我寻思半晌,打算先给它浇足水,再把它搬到楼下去,这个季节雨水多,应该没有问题。妻子也觉得这个办法不错，我便把花盆搬到楼下，本想放在大树底下，又觉得有些不妥，害怕雨水浇不到它，只好把它放到草丛里。

　　我在老家休假，心里也惦记那盆玫瑰。等我从老家回来，没上楼就先去草丛。看见那盆玫瑰长得比先前还茂盛，我心里十分高兴，弯腰打算把它抱回屋里。没想到我使劲去捧那花盆，它居然没有动。我又加大力气捧它，还是没能把它捧起来。这是怎么回事啊？难道我休个假，回来连个花盆都搬不动了？我蹲下来仔细研究它，并没有发现任何端倪，连忙喊来妻子说："这个花盆咋就搬不动了？"妻子好奇地打量它："花盆没有陷进地里，是不是花根扎到地里去了？"我一时没有反应过来，不解地问她："花根在花盆里面，怎么会扎到地里去？"她笑着说："沈阳这段时间没怎么下雨，没人给它浇水，花根可能顺着花盆底下的孔扎到地里找水去了。"我恍然大悟，难怪怎么都搬不动它，原来

它在这里扎下深根了。

我正打算把它连根拔起，重新栽到花盆里，打碎花盆才发现，它的根子果然顺着花盆底部那个孔钻进地里，长得跟孔一样粗了。我想，花盆的孔再大些，它的根子也许还能长得再粗些。

玫瑰在草丛里不断地汲取大地的养分，长得又粗又高，很快就长出许多花骨朵儿，绽放出十几朵美丽的花儿。我站在它跟前，一边欣赏那些花朵一边对妻子说："如果这株花儿还在屋里养着，它根本就长不了这么高，也开不出这么多又香又美的花朵。花盆再大，花土再多，也会限制它的根须，限制它的生长。"妻子看得比我还透彻，故意提醒我："花有根，人也有根。"她曾劝我："干你们这一行的人，别老在屋里闭门造车，应该多到外面去体验生活。"我会心地笑着说："那是，外面不仅有阳光和空气，更有泥土和雨水。"

刘洪林

小故事大道理

玫瑰在花盆中虽受保护，但生长受限，仅能开出零星小花。人生也如花盆中的玫瑰一般，需要经受风雨，突破限制，才能盛放。唯有在扎根与突破的循环中，才能绽放生命的全部可能。

半部书

84岁的兰帕德感到自己不行了,他让家人请来全城最著名的牧师霍华德,他要向上帝做最后的忏悔。

兰帕德这一辈子最大的愿望就是当一名作家。从小学到大学,兰帕德的作文一直是全班最好的,经常被老师当作范文读给同学们听。也有不少时候,他的文章出现在班级的黑板报和校报上,甚至有两篇发表在全国知名刊物上。兰帕德相信,只要他努力,30岁前他就可以成为一个全国知名的作家。有很长一段时间,他都梦想写出经世不朽的作品。但遗憾的是,后来,他突然迷上了买彩票,一天到晚对着一大堆数字研究来研究去,最终把写作给耽误了。

兰帕德也曾深深地懊悔过。那是在他52岁那年,他的一个中学时代的同学,一个曾经对兰帕德佩服得五体投地、经常把兰帕德的作文当范文读的同学,有一天把自己写的第13本书送给兰帕德。兰帕德懊悔道:"那一刻,我后悔极了,我痛恨自己为什么没有去写作?"

霍华德牧师问道:"那你为什么不从那时起开始写作呢?"

兰帕德脸上现出十分痛苦的神情,因为这正是他几十年来最懊悔的事情。接到老同学赠送的书的那一刻,他是想从那时起开始写作的。但他觉得自己年龄很大了,何况自己身体又不好,没有多少时间了,不会再有什么成就了。于是他最终放弃了这种打算。

兰帕德接着告诉霍华德牧师,在他65岁那年,他得了重病,生命垂危,他深深叹息自己没有在52岁那年开始写作,否则,有13年时间,他一定可以写出不少东西。他说,他没想到老天会给他那么多时间,否则,他一定会好好利用这些时间有一番作为。

"那你为什么不从那时起开始写作呢?"霍华德牧师问。

兰帕德又一次陷入深深的自责之中。那时,他曾经好多次想过,如果时间再往前倒回去十年,他一定会毫不犹豫地开始写作的。但他觉得自己已经是一个65岁的老人了,生命留给自己的时间真的不多了,他不可能再有任何作为了。于是他虽然常常叹息,但仍然没有开始写作。73岁那年,他的老同学再次给他送来一本自己刚写的书,并且问他,你有那么多时间,为什么不试着写点东西呢?他长长地叹了一口气,心里说,我已经是快死的人了,还能写出什么东西呢?就这样,在一天一天的懊悔中他活到了现在。如果当时他知道自己能活这么久,他一定会从那时起开始专心致志地写作的。他相信，那样，他仍然可能取得不小的成就。可现在，他只能把永远的遗憾留给自己了。

听完兰帕德的忏悔，霍华德牧师说道："其实你并不是不能当一个作家，而是你在不停地懊悔中放弃了当作家的希望。仅有懊悔是绝对不够的。如果你还想当作家的话，那么，就不要再懊悔，不要再犹豫，从现在开始，拿起你的笔吧。"

"我已经要死了，还行吗？"兰帕德不相信地问。

霍华德牧师郑重地点点头说："我以上帝的名义告诉你，行！"

兰帕德的眼里放出一股亮光。霍华德牧师刚刚离开，他就提起了笔。以后的三个月里，他不停地写作，一直到他去世。他的第一本书只写了一半，但那半部书却轰动了全国。

徐全庆

小故事大道理

人生永远没有太晚的开始。

被爱绊住的花

朋友特别喜欢养花种草，在她不大的院子里，屋里屋外，养满了各种各样的花草，其中有不少我连名字都叫不出来。

今年夏天，我到朋友家串门，看到一盆花，这花花形不大，植株碧绿，叶片挺厚实，叶片周围呈锯齿状。我弯腰端详着，托着一片绿叶轻轻抚摸着，爱意油然而生。

朋友早看出了我的心思，没等我张口，就很大气地把花送给了我。我把花带回家，摆在屋子外面的窗台上，让它每天都能沐浴在阳光雨露之下。每天下班回来，我都要观赏一番，给它浇浇水、松松土，关怀备至。我在心里给它起了名字"小心肝"。说实话，我的宝贝女儿从小到大，只怕也没让我这么上心。

秋天过去，冬天就要来了。没等气温下降多少，我早早把花端进屋子里，放在靠近窗子阳光充足的地方。窗外气温骤降，寒风呼啸的时候，暖气早已开通，屋子里温暖如春，全然没有冬的感觉和滋味。得了这样的条件,"小心肝"长势更旺、更欢。我也更加喜欢。

我一边欣赏它,一边期待它,期待它早一点开花,好让我早一点一睹它开花时的芳容。可时间一天天过去,当我家里其他的花都次第开放,我的心一天天急起来。因为,我始终不见"小心肝"鼓起满满嫩嫩的芽苞,有开花的半点迹象,更不要说开花了。

不到一个月就要过年了,却不见开花,真是奇了怪了!莫非它真的不属于我?是对我夺人所爱的惩罚吗?我开始对它有了看法和意见,我甚至有些后悔和厌烦了。一连几天不想也不敢去看它一眼。

那日到朋友处,跟朋友说起这事,朋友问我拿回家后,这花是怎么养的?我如实坦白,朋友听了后直拍大腿:"你看看,我只告诉你要注意肥水和害虫的管理,咋把另一项给忘了呢?"

我忙问:"啥事项?"

朋友说:"这花有一个特点,入冬之初要放在外面让它'冻'一下,杀杀它的生长势头,让它感知冬天到了,你再把它放进屋子里,这样它就知道春天来了,该醒醒了,该忙起来,准备开花了。"

我听了扑哧一笑:"什么?这花也跟人似的,那么懂事?"

"是啊,大自然中的花花草草、鸟兽虫鱼,都和人类一样有灵性,有自己的生长规律,要是违逆它,它就给你个样子,提醒你尊重它、注意它,不要怠慢了它……不信你试试,在较为暖和的天气里，把它端到院子里，适当接触一下冷风，'冷冻'一下它，再放到屋子里，气温起了变化之后，过几天就会鼓起芽苞，离开花就不远了……

回到家，按照朋友的嘱咐，我瞅了暖和天气，把"小心肝"端出去。这样反复了几天，我把它又重新放进屋子里。过了两周，惊喜发生了——"小心肝"鼓芽了。又过了十几天，那些芽苞陆续开放了。它那粉嫩的花朵、鲜红的颜色，那么诱人，那么夺人心魄。如含羞的少女，倚门回首，最是那一低头的温柔。虽然它开的有些不是时候——年已经过去，可我照样欢喜。一个人对一盆花，只要心存喜欢，就不会真的计较、嫌弃它开得早晚、花盛与否。

冬天过去，春天来了。看着开得正艳的"小心肝"，我心里欢喜着，可依然陷入无尽的沉思。想想当初，一眼就看上了；得到后，生怕委屈了它，是那么精心地照料，生怕有一点闪失。可以说，那段时间，我把相当多的爱和关心都倾注到了"小心肝"身上，以至于差点冷落了妻女。没想到，它却辜负了我的一片情、一片意。要不是朋友的提醒，它可能真的会无端地遭我厌弃。

是什么让它遭受这样的波折？答案只有一个，这就是爱，不是爱的缺失，而是爱的泛滥。是我过分的爱、溺爱，让它始终处在温暖的小气候里，身心麻木，没有了春夏秋冬、四季更替的感觉；身心懈怠，不思开花。这一切都是我的错、我的过。是爱，绊住了花朵的开放，让它忘记了自己是一朵花，忘记了它作为花的使命和价值。

养花如此,人生又何尝不是如此?

厉剑童

小故事大道理

不论是花还是人,都要历经风雨,才能盛放。

站起来比倒下只需多一次

平凡人崇拜英雄,而作为英雄会崇拜什么样的人?中国短道速滑名将杨阳最崇拜的偶像是美国速滑运动员简森。这倒并不是因为简森在奥运会上取得了多么辉煌的成绩,而是因为简森在赛场上表现出的坚韧不拔的精神征服了包括杨阳在内的许多人。

简森在 1988 年首次参加冬奥会,他在报名参加的 500 米、1000 米速滑比赛上都具有夺冠的实力。比赛的几天前,他突然得到了一个不幸的消息,他的妹妹因为身患白血病去世了。这一沉重的打击,使他的心理产生了巨大的波动。他强忍着悲痛参加了 500 米的速滑比赛,但刚一出发,就重重地滑倒在赛道上,无奈只能退出比赛。带着遗憾的他向 1000 米速滑冠军发起了冲击,两圈过后,他把对手远远甩在后面。此时计时器显示,他是所有参加这项赛事的运动员中速度最快的选手,他将有机会弥补500米速滑的遗憾，夺得该项比赛的冠军。但令人难以置信的是，他再次摔倒在赛道上。他自己都无法相信，第一次参加奥运会竟以两次摔倒收场。

四年后的冬奥会，简森再次在赛场上滑倒，与奖牌擦肩而过。很多人都认为倒霉的简森会就此黯然离开赛场。但出人意料的是，简森选择了坚持与继续战斗。

1992年，奥委会决定，冬季奥运会和夏季奥运会不再在同一年举行，这使得简森只等待了两年就再次得到了参加奥运会的机会。但命运又与他开起了玩笑，他又因滑倒而与奖牌无缘。

当简森第四次站在冬奥会的赛场上时，在挪威举行的1000米速滑比赛将是他奥运生涯的最后一站。许多见证过简森失败、认为他运气糟糕透顶的人，都难以相信他会再次参加比赛。观众的眼神充满了崇敬，所有人都在心中默默祈祷，祝愿顽强的简森能够夺得1000米速滑比赛的冠军。在比赛中，简森遥遥领先于其他选手，但也出现了两次可怕的"手扶地"的险情，许多观众都吓得闭上了眼睛，担心厄运再次降临到简森的头上。但简森并没有滑倒，他有惊无险地抓住了这个最后的夺冠机会，以打破世界纪录的成绩获得了自己第一枚也是唯——枚奥运会金牌，也赢得了全场最为热烈的掌声。

简森四次参加奥运会，五次在赛场上滑倒，这样的人生际遇足以令人精神崩溃、把一个人彻底打倒。但简森并没有屈服于命运的安排，他用坚定的信念作为支撑，屡次倒下屡次又站起来。他的站立只比倒下多一次，但也正是这多出来的一次，使他最终战胜了命运中设置的种种障碍，实现了心中的奥运梦想。

清山

小故事大道理

　　站起来比倒下只需多一次，你是要站立，还是倒下？简森用铮铮铁骨回答了这个问题。

骑手与千里马

一名很有实力的骑手在赛马比赛中没有取得好名次，于是在赛后，他通过多方打听，并询问了伯乐，确认了冠军骑手的坐骑是一匹千里马。因此，他不惜重金从冠军骑手的手中买下了那匹千里马，打算明年从头再来。

自从拥有了这匹千里马，这名骑手的脸上每天都笑开了花。茶余饭后，他常把千里马拉到市集上炫耀；千里马也很识相，时常趾高气扬地扭动身躯，尽情地展示自己。来往的人们难得看见这样的宝马良驹，纷纷驻足围观，夸千里马身姿矫健，又夸骑手慧眼识良驹。千里马很享受大家的赞美声，骑手也赚足了面子，双方都得意扬扬。

一直以来，骑手对千里马都疼爱有加，从不让它挨一下鞭子。在炎热的夏天，骑手怕千里马被曝晒，就把它拴在树荫下乘凉；数九寒天，骑手又怕千里马挨冻，就给马棚铺上厚厚的干草保暖；

遇到刮风下雨的天气，他担心千里马在外奔跑会淋雨生病，索性就让它待在马棚里休息。就这样，千里马养尊处优，每天吃着骑手精心准备的饲料，过着神仙一般的日子，一年下来，膘肥体壮，浑身油光发亮。

到了正式比赛那天，骑手信心满满。发令枪响后，千里马果然一马当先，可是，几圈过后，千里马渐渐气喘吁吁，脚下如同灌了铅。骑手眼睁睁地看着其他选手反超自己，急得大喊大叫。

比赛结果出来了，骑手不是与冠军失之交臂，而是相去甚远。他百思不得其解，匆匆忙忙地去找伯乐。

"伯乐先生，我明明骑的是您相过的千里马，可是冠军仍然是去年那名选手！"骑手气呼呼地质问道，"难道我这匹千里马名不副实？或者您为他又相了一匹更好的千里马？"

"天下所有的良驹，都是靠日积月累的刻苦训练来获得最佳竞技状态的。千里马如果不坚持天天训练，时间一长也必遭淘汰。"伯乐先生停顿了一下，反问道，"听说你把千里马当宝贝一样捧在手心，既不让它刻苦训练，也不让它日晒雨淋。它这样娇生惯养，怎么会有良好的状态呢？"

"不是说'养兵千日，用兵一时'吗？我之所以这样悉心照料它，就是想让它养精蓄锐，等到比赛那天再好好发力！"

见骑手如此回答，伯乐哭笑不得。他叹了口气，耐着性子解释道："要取得好成绩，骑手和马之间的默契也很重要，而这离不开二者平日的磨合。"

"这个我当然知道，"骑手自以为是地说，"我和千里马心有灵犀，我叫它吃它就吃，让它睡觉它就睡觉；我准备上马，它自然就会躬身低头。"

"那是两码事。"伯乐语重心长地说，"我指的是骑手在日常训练中和马的配合，比如怎样让千里马在比赛中合理分配体能，如何给千里马适当施加压力，等等。成功无例外，功夫在场外。你只看到那名选手蝉联冠军，却不知道人家无论酷暑还是严寒，每天都起早贪黑，坚持训练骑术。"听了这一番话，骑手才如醍醐灌顶，豁然省悟。

司文

小故事大道理

成功无捷径，最终还是要凭日积月累的苦练说话。

没有一棵树是丑的

小时候,她很自卑,经常问妈妈:"我怎么长成这个样子?"每当这时妈妈都很痛苦,只是长长叹息一声,无法向她解释。

她的腿有残疾,这让她总是感觉自己不如别的孩子,自己很丑。为此,她常常流泪。

再长大一点,她更注重自己的形象了,于是,也便更为自己的身体缺陷而痛苦了。

一天,舅舅来了。舅舅看见小女孩长高了、长大了,很高兴。但看到小女孩愁眉苦脸的,舅舅心生疑问,小女孩的妈妈告诉了他事情的原委。

舅舅沉默了许久,打开电脑,打开了一些树木的照片。

屏幕上出现一片绿意葱葱的松树。"好看吗?"他问小女孩。

小女孩看到这些蓬勃着生命力的树木,说:"真好看!"

屏幕上出现一片挺拔的杨树。"好看吗?"他问小女孩。

小女孩看到这些树木，说："好看！"

屏幕上出现枝干又干又皱的树木，风雪中枝头绽放着美丽的梅花。"好看吗？"他问小女孩。

小女孩看到这些美丽的梅花，说："真好看！真漂亮！"

屏幕上出现一片沙漠胡杨，胡杨的枝干已干枯，叶子在阳光下黄黄的，像镀了一层金。那是一种沧桑的美，小女孩说不出那是一种怎样的美，但她被这美震撼了。她惊叹道："太美了！"

舅舅说："你看，没有哪一棵树是丑的，每一棵树都是美的。人也是一样，每一个人都是独一无二的，每一个人都有其美的一面，鲜活的生命，有着一种生动的美，即使有些缺陷，那又算得了什么？"

小女孩明白了。

她记住了，没有一棵树是丑的。

从此，她不再为自己的缺陷而忧愁，她开始为自己的蓬勃的生命而欢欣鼓舞，她积极乐观，脸上洋溢着幸福的笑容。

每一个生命都是生动的，每一个生命都是美丽的。

金明春

小故事大道理

生命之美，不拘于形，每棵树、每个人皆有其独特韵味。故事启示我们：接纳自我，珍视独特，生命的多样与顽强本身就是最美的风景。

死神不敢收的车手

1976年8月1日，德国纽伯格林赛道的上空弥漫着焦灼的气息。在这条被称为"绿色地狱"、以变幻莫测的天气和致命弯道闻名的赛道上，一场激烈的F1赛事正在进行。效力于法拉利车队的奥地利赛车手尼基·劳达此前已经获得世界冠军，1976年更是赢得5场比赛，领跑积分榜。对于纽伯格林这场赛事，他势在必得。

然而，天有不测风云。当劳达驾驶着法拉利312T2赛车在赛道飞驰时，命运突然撕开一道裂缝——他的赛车因悬挂系统故障失控撞向护墙，随后又被另一辆赛车撞击。油箱爆裂引发的大火瞬间吞噬了他的赛车、灼烧着他的身体。劳达在燃烧的车内被困近1分钟，吸入大量有毒气体，导致面部、头部严重烧伤，肺部永久性损伤，医生甚至断言劳达生还的概率不足5%。

躺在重症监护室的劳达却没有放弃这5%的概率。他不仅要活下去，还要重返赛场。他接受了多次植皮手术，要求医生用赛车头盔和绷带包扎伤口，拒绝过量止痛药以保持神经敏锐，甚至将呼吸训练器改造成肺活量恢复工具。当医生警告复出等同自杀时，他反问："难道要我躺在病床上腐烂？"

42天后，他戴着定制的呼吸面罩现身蒙扎赛道。绷带渗出的鲜血浸透防火服，防毒面具般的呼吸器限制着视野，但即便如此，他还是以第四名的成绩冲线。当他的赛车冲过终点线时，全场10万观众集体起立——这不仅是对速度的致敬，更是对意志的肯定。

1977年，劳达以"半人半机械"之躯再夺世界冠军。他曾说："面对死亡时，你会明白自己是否真的热爱赛车。我的答案是'是的'。"

正是因为这份热爱，他在退役之后又以35岁的高龄复出，并第三次登上冠军领奖台，成为F1赛车史上唯一退役后夺冠的传奇。更重要的是，他将烧伤的痛楚转化为推动安全改革的动力：防火赛车服、可拆卸方向盘、赛道医疗直升机……这些由他力推的变革，使F1车手死亡率从20世纪70年代的25%几乎降至为零。正如他所说："我的伤疤必须成为后来者的护盾。"

2013年，劳达的故事被拍成电影《极速风流》。2019年临终前，他拒绝插管治疗："我已和死神赛跑过，这次该停表了。"在劳达的葬礼上，75辆F1赛车环绕维也纳圣斯蒂芬大教堂轰鸣致意，引擎声浪化作一曲钢铁交响乐——这不是哀乐，而是对永不停歇的竞速灵魂的礼赞。

小故事大道理

　　尼基·劳达的故事不仅展现了速度与荣耀，更展现了人类如何在逆境中求生、在绝境中实现自我。劳达用行动证明：人类意志的极限，超越想象的边界。比一个冠军荣誉更重要的，是一颗永不屈服的心。

度量，滋养成功的土壤

美国历届总统中，亚伯拉罕·林肯是出身于贫民阶层的总统。他在入主白宫之前，一直处于颠沛困顿之中，加上其貌不扬，又一贯不修边幅。因此初到白宫时，议员中的阁老没有一个瞧得起他，陆军部长斯坦东就是其中的一个。

斯坦东声称："我不愿意同那个笨蛋、老憨、长臂猿为伍。"林肯听后并没有因自己已是总统而暴跳如雷，他心平气和地对其他人说："我决心牺牲一部分自尊，仍任命斯坦东为陆军部长。因为他绝对忠于国家，精力充沛，像发动机一样工作不息。"

斯坦东任职后仍不停地对林肯进行谩骂，甚至拒不执行林肯的指示。

有一次，一位议员带着林肯的手令去给斯坦东下指示，斯坦东居然拍桌大叫："假如总统给你这样的命令，那么他就是一个浑人！"那位议员满以为林肯会动"天子"之怒，毫不客气地将其撤掉。可是,林肯听了汇报后却这样说:"假如斯坦东认为我是个浑人,那么我一定是了。因为他几乎一切都是对的。"

几次的"忍耐"终于深深地感动了斯坦东,他一改以前对待林肯的傲慢与偏见,主动到林肯跟前表示对林肯的歉意。林肯如虎添翼,在总统的任上取得了一番令人瞩目的成就。

石卫东

小故事大道理

人们在为林肯的业绩所折服的同时,更为他极宽广的度量所深深震撼。度量,这确实是一股沁人心脾的甘泉,能以巨大的力量滋养我们迈向成功。

执着铸就成功

日本松下电器公司总裁松下幸之助,幼年家道中落,9岁辍学当学徒。16岁时,矮小瘦弱的松下到当时电气行业的热门企业——大阪电灯公司去谋职。

他向一位负责人说明了来意,请求给安排一个不用太好的工作,这位负责人见他身材瘦小,但又不好直说,就随口编了一个理由:"我们现在不缺工人,你一个月后再来吧。"没想到,一个月后松下如期赴约。没办法,那位负责人又推辞说现在没时间谈,过几天再说吧。隔了几天,松下又来了。如此反复几次,这位负责人干脆说出了真正的理由:"你看起来太瘦小了,我们不能聘请你。"

过了几天,松下借来一件稍显宽大的旧西装把自己打扮得整整齐齐,又返回来。负责人一看也吃了一惊,但他还是说:"关于电气知识你也许没有了解多少,而我们是电灯公司!"两个月以后，松下幸之助再次来到这家企业，一字一顿地说："我现在已经学了不少电气知识，您看还需要什么，我可以一项一项来补上。"

负责人又着实吃惊不小，他盯住松下看了老长一段时间才说："电气这行我干了这么多年了，像你这样有耐心、有韧劲的人我却第一次碰上，我相当佩服你的执着，所以我郑重地告诉你，我答应你进我们公司，并衷心希望你成功。"

松下晚年回忆这段经历时说道："被拒绝不是终点，而是逼迫你思考如何创造价值的起点。"

石卫东

小故事大道理

执着，是成功者必须具备的优秀品质，强者之所以成为强者，就是因为他在失败和挫折面前能不屈不挠，仍然热情百倍、信心百倍地去面对。

大卫早已在石头里

1464 年，佛罗伦萨大教堂委托雕塑家阿格斯蒂诺·迪·杜桥制作一个大卫的雕像。他们提供了一块大理石，这块大理石来自托斯卡纳地区北部阿尔卑斯山下小镇卡拉拉的一个采石场。但因石材存在裂纹且体积过大，阿格斯蒂诺只是雕成了腿、脚和躯干的大致形状，对原料进行了一些粗加工。后来这块有瑕疵的大理石被遗忘了许多年。

1501 年，佛罗伦萨大教堂希望找个艺术家将这块有瑕疵的大理石变成完整的艺术作品。他们咨询了一众有经验的艺术大师，最终年仅 26 岁的米开朗琪罗·博那罗蒂接受了委托，挑战这块高 5.17 米、重约 6 吨的"废石"。他承诺："我能让石头中的灵魂显现。"大理石左侧有一道隐蔽的天然裂缝，米开朗琪罗调整大卫的姿势——重心落于右腿，左腿微曲，巧妙避开了脆弱部位。他采用"减量雕刻法"，从石块顶部向下工作，避免传统雕刻中石屑遮挡视线的问题。他故意放大了手部和头部尺寸（手部比例超常，头部比正常大 10%），以确保从下方仰视时的视觉协调性。经过一千多个日子的悉心雕刻，这块有瑕疵的大理石鬼斧神工般变成了一尊英姿飒爽、栩栩如生的年轻武士塑像。这件作品一经问世，立即在全世界引起了强烈反响，并被公认为是西方美术史上最值得夸耀的男性人物雕塑之一。这尊塑像就是我们今天看到的大卫。

米开朗琪罗曾言："大卫早已在石头里，我只是去除多余的部分。"

王世虎

小故事大道理

换种思维，"不完美"也存在"美"的可能性，皆可转化为一种独特价值。创造的智慧不在于"制造新事物"，而在于发现已有事物中被遮蔽的可能。

老人与海

2002年6月的一天，美国南加州长滩的帆船爱好者理查德·范菲姆扬起风帆，独自驾驶小船准备来一次短暂的旅行。旅程只有40公里，他便没带太多的食物和饮水。他万万没想到，中途一场暴风雨的降临，使桅杆损坏，马达和无线电通信器材也被打坏了。范菲姆找不到前行的方向，也找不到回头的路，只能随意在大海上漂流。不久，所带的食物和淡水就用光了。弹尽粮绝之际，范菲姆遇上了一只海龟，他用棒球棍将这只游到船边的海龟打死，一半当食物，另一半做诱饵，诱捕海龟和海鱼。没有水喝，他便用帆布收集雨水。燃料用尽了，他开始从小船上拆下一些部件来生火。

他用刀在木板上刻痕，每天记录日期，坚持规律作息以维持神志清醒，通过冥想和回忆家人对抗孤独与绝望。

日子一天天过去，从充满希望到绝望，又从绝望到再度充满希望……三个多月慢慢熬过去了。在此期间，他并没停止过寻找人类信号。直到有一天，他看到一架飞机，才明白自己离陆地不远了。两个小时后，一艘名叫"麦克拉斯基"的军舰出现在范菲姆的视野里，他终于得救了。这时，已是9月17日，范菲姆已远离出发地，漂流了4000公里，身处哥斯达黎加附近海域。

在苍茫而孤寂的大海上，一位62岁的老人竟然奇迹般地生存了三个多月。

吴志强

小故事大道理

理查德·范菲姆的漂流奇迹，不仅是人类求生意志的赞歌，更体现了一种极限环境下的生存哲学。真正的韧性不是"硬扛"，而是通过认知提升思维，将危机解构为可操作的模块化挑战。人生困局中，智者永远在寻找"看不见的帆"。

照镜子

有一天，所有员工都到了办公室。他们看到门上贴着一张通知："昨天，一直阻碍你在这家公司成长的同事去世了。我们邀请您去公司健身房参加临时葬礼。"一开始，他们都为一位同事的去世感到难过，但过了一会儿，他们开始好奇想知道那个阻碍同事和公司本身成长的人是谁。

健身房里一片拥挤，以至于需要保安控制健身房内的人数，保护大家的安全。到达健身房的人越多，大家就越兴奋。每个人都在想：这个阻碍我进步的家伙是谁？激动的员工一个接一个地靠近棺材，当他们往里看时，顿时哑口无言。他们站在棺材附近，震惊而沉默，仿佛被触及了灵魂深处。棺材里面有一面镜子，每个往里面看的人看到的都是他自己。

镜子旁边还有一个牌子，上面写着："只有一个人有能力限制你的成长：那就是你自己。你是唯一可以改变你生活的人。

你是唯一能影响你的幸福的人。你是唯一能帮助自己的人。当你的老板换了，你的朋友换了，你的伙伴换了，你的公司换了，你的生活就不会改变。当你改变时，当你超越限制你的信念时，当你意识到你是唯一对你的生活负责的人时，你的生活就会改变。"你能拥有的最重要的关系是你与自己的关系。

小故事大道理

世界就像一面镜子，照见的是你自己坚信的思想。正是你面对生活的方式，决定了截然不同的人生走向。

永不放弃

有一天，农夫的一头驴掉进了井里。这头驴可怜地哭了几个小时，农夫尝试了各种办法救它。最后，他认为这头驴已经老了，不值得他再想方设法了，于是，他决定把井盖起来。农夫邀请了所有的邻居过来帮助他。他们都拿起一把铲子，开始把泥土铲进井里。

起初，驴子意识到发生了什么，哭得很厉害。后来，令所有人惊讶的是，它安静了下来。

铲了一段时间后，农夫往井里看了看。令他感到惊讶的是，每当泥土落在驴的背上，它会甩掉泥土并向上迈出一步。农夫和邻居们每铲一次土，驴就往上走一步。

不久，当驴子从井底爬上来小跑时，每个人都大吃一惊！

小故事大道理：

面对生活里各种各样的"泥土"，不要被它所困扰。把泥土当作台阶，或是甩掉它，更上一层楼！

坚持你的梦想

我的一个朋友罗伯特在圣伊西德罗拥有一个马场。他让我利用他的马场举办筹款活动,为处于帮助青少年的项目筹集资金。

上次我去那里时,他告诉我做这些事情的初衷。这一切都可以追溯到一个年轻人的故事。这个年轻人是一位驯马师的儿子,需要帮助他的父亲从一个马厩到另一个马厩,从一个赛道到另一个赛道,从一个农场到另一个农场,从一个牧场到另一个牧场,训练马匹。这导致他总是断断续续地上课,成绩也不太理想。

有一天,他的老师要求他写一篇关于他长大后想成为什么和做什么的文章。

"那天晚上,他写了一篇七页的文章,描述了他想拥有一个马场的梦想。他非常详细地写下了他的梦想,甚至画了一个牧场的平面图，图上标注了所有建筑物、马厩和道路的位置。然后，他还在他梦想中的牧场上画了一座房子，并详细绘制了房子的平面图。

第二天他就把文章交给了老师。两天后，他收到了老师批改后的文章。文章上面一个大的红色F，上面写着"下课后见"。

那个男孩下课后去找老师问道："为什么我得了F？"

老师说："对于像你这样的小男孩来说，这是一个不切实际的梦想。你没有钱，你来自一个流浪家庭，你没有资源，拥有一个马场需要很多钱。你需要买下土地。还要支付高额种马费。你永远不可能做到。"然后老师补充说："如果你能在这篇文章里写下更切合实际的梦想，我会重新考虑你的成绩。"

男孩回家后，想了很久很久。他问爸爸该怎么办。他爸爸说："孩子，你需要自己做决定，下定决心。我认为这对你来说是一个非常重要的决定。"最后，在坐下来思考了一个星期后，这个男孩上交了同一篇文章，根本没有做任何更改。

男孩说："你可以保留F，我会保留我的梦想。"

然后，罗伯特面对马场里来聚会的朋友们说："我告诉你们这个故事，因为你们此刻就在我当年绘制的房子里，站在我当年梦想的马场上。直到现在，我仍然把那篇文章装裱在壁炉上。他补充说：这个故事最精彩的部分是，两年前的夏天，同一位老师带着30个孩子来我的马场露营一周。当老师要走时，他说：'罗伯特，我现在可以告诉你了。当我还是你的老师时，我有点像一个梦想窃取者。在那些年里，我偷走了很多孩子的梦想。

幸运的是，你有足够的勇气没有放弃你的。'"

小故事大道理

不要让任何人偷走你的梦想。无论如何，跟随你的心。梦想不分大小，无论如何，一个人都应该坚持让梦想成真。

心如止水

心如止水，是说一个人的内心定力达到了极高的境界，可以达到物我两忘的境界，能够从容面对人生的各种际遇。

苏东坡在瓜州任职的时候，住的地方与著名的金山寺只有一江之隔。金山寺住持佛印禅师是位得道高僧。苏东坡经常过江与佛印禅师谈禅论道，两人交往十分密切，交情也日渐深厚，相互引为同道知己。

苏东坡才高气傲，自以为参禅有得，他撰诗一首："稽首天中天，毫光照大千。八风吹不动，端坐紫金莲。"诗中的八风是指人生中的毁誉讥讽等八种情景。他得意地派书童过江送给佛印禅师。

佛印禅师接过诗作看了以后，表情冷漠，没有说话，信手在诗作后面写了四个字让书童带回去。

书童回来以后马上把诗作交给苏东坡。不料，苏东坡看过以后十分气愤，他满以为禅师会有很高的评价的，没有想到禅师在诗作下面批的是侮辱性的"放屁！放屁！"四字。

苏东坡乃当世大才巨子，哪里受到过这样的轻慢和羞辱？况且两人是相知甚深的知交同道。苏东坡带着一腔怒火，立刻乘船过江，那佛印禅师正微笑着站在金山寺门口相迎。

没有了两人往日见面的寒暄与客套，苏东坡上前就质问佛印禅师："为什么羞辱我？"

佛印禅师依然微笑着，看着怒火中烧的苏东坡。苏东坡越发怒不可遏。

良久以后，佛印禅师对苏东坡说："你不是说八风吹不动吗？怎么一屁就过江了呢？"

听了佛印禅师的话，苏东坡顿时如醍醐灌顶，羞愧得无地自容。是啊，自己不是感觉已经能够心如止水了吗，怎么佛印禅师一个小小的测试就经不住呢？

作为一代文学大家的苏东坡，尚不能抵御一句讥讽之语，我们这些芸芸众生呢？在私利面前，在诋毁面前，在荣誉面前，在苦乐面前，在富贵和贫穷面前，我们还能够做到保持自己的本来面目吗？我们还能够心如止水、冷静如一吗？

看看那些在逆境中低头的人，那些取得了点成绩就沾沾自喜、狂妄自大的人，那些刚愎自用的人，那些毫不谦虚的人，不都是因为缺乏内心定力吗？

几乎所有那些失败的决策和盲目的决断，都是因为乱了方寸。什么是乱了方寸？就是心灵偏离了本来的位置，错误自然就在所难免了。

鲁先圣

小故事大道理

我们常说"心如枯井，洞若观火"，还有"逢大事必有静气"，都是说一个人不论遇到多么大的事情，都应该让自己保持冷静，心如止水。倘若做到了这种境界，就真的是"宠辱不惊"了。

李离请死

春秋时期，晋国有一位叫李离的刑罚官员，他执法如山，断案如神，曾破了不少大案、奇案，深得晋文公的赏识和喜爱。

李离行事一向谨慎小心，尤其是对人命关天的案子，他更是慎之又慎，唯恐冤枉了一个好人。尽管这样，但还是百密有一疏。有一次，李离在审理一桩杀人案时，由于对下属提供的证据缺乏考证，结果致使一人冤死。半年后，当他再次审阅这宗案卷时，才发现自己犯了一个不可饶恕的错误，而此时犯人的人头早已落地，事情已经不能挽回。

李离一生最恨的就是执法不公，而自己身为执法者，竟犯了如此大的错误，真是不可饶恕。李离羞愧难当，决定以死谢罪。他的家人劝他说："反正案子已经了结，又没有其他人知道，你又何必耿耿于怀，就当什么事情都没发生好了。"李离听后义正词严地回绝说："法律赋予我们的是人人平等，如果执法者凌驾于法律之上，那又如何能服众呢？"于是，李离将自己关押起来，并判以死刑。

晋文公知道这件事后，非但没有怪罪李离，还为他开脱说："官位有高低贵贱之分，刑罚有轻重缓急之别。何况这件事错在你手下的官员，跟你没有多大的关系，你无须自责。"

李离回答说："臣担任的是刑部最高长官，不曾把权力让给下属；臣领取的俸禄最多，也不曾把好处分给下属。现在出了事，却让下属来承担，岂有这样的道理呢？"

晋文公听后不高兴地说："按你这种说法，你的下属犯了错，你应当承担责任，而你是我的臣子，你犯了罪，我岂不是也有罪吗？"

李离慌忙解释说："法官断案有法规，错判刑就要亲自受刑，错杀人就要以死偿命。您因为臣能听察细微隐情事理，决断疑难案件，才让臣做刑官。如今臣判案失误，枉杀人命，理应首当其冲，一命还一命，还请君王赐臣死罪！"

尽管如此，晋文公还是想赦免李离的罪过，他知道李离是一个难得的好官，如果因为这么一点过失就将他杀了，实在太可惜。于是晋文公对李离说："即便你有罪，也罪不当死，还是赶紧回家吧！"

然而，李离坚持认为自己犯了死罪，不能接受晋文公的赦免。随即，他从旁边的卫士身上抽出一把剑，往自己脖子上一抹，瞬间就倒在了血泊中。晋文公阻拦不及，只得将李离厚葬。

周礼

小故事大道理

勇于承担责任,是一个人最基本的行为准则,也是赢得别人尊重最有效的方式。

被遗弃的种子也会开花

她是我班上的一名学生，刚生下来不到一个月，就被重男轻女的父母给遗弃了。后来，是一户好心的人家把她给捡了回去，收养了她。收养她的那户人家非常贫穷，每天放学后，她都要背上背篓，到山坡上去打猪草。回家后，还要煮饭洗衣，同时还要照顾比自己小两岁的妹妹。大概是知道自己身世的缘故，从小，她就特别自卑，每次课堂上的问题，她都不敢举手发言。当别的小朋友兴高采烈地玩游戏时，她总是一个人默默地在角落里观望。我知道，课堂上不举手不是因为她不知道答案，只是因为她有只手长了六个指头，她是怕别的同学笑话她。但每次考试，她都是班上的第一名。不去玩游戏也不是因为她不爱玩，而是因为她怕自己唯一的一件新衣服，在游戏中不小心被同学给撕破了，那可是她辛辛苦苦打了一年猪草才换回来的。她是那样自卑，又是那么懂事，作为她的老师，我倒是希望她能活泼点，哪怕是犯点错误，我也会开心几天的。她那种因自卑而过早地懂事，往往让我有种无法言说的难过。

那年春天，班上组织大家到学校后面的一个花园里去种花。那天，大家都很兴奋，同学们拿上锄头、镰刀、水桶等工具，欢快地朝花园跑去。她那天拿着花籽儿，一个人默默地走在大家的后面。那是一条极细的小路，两边都是杂草丛生的荒地，等到了花园，她忽然发现，装花籽儿的口袋破了一个小洞，一小半的花籽都撒出去了。虽然大家都没有责怪她，但她非常难过，一路上沿着原路小跑着回去，她想把那些撒落的花籽儿一粒粒地捡回来，但路边杂草丛生，那些种子早已不知去向。那个上午，她站在那条路上，泪流满面。

两个月后的一天，当我再次走在那条小路上的时候，我惊喜地发现，在路的两旁长满了一束束小花，一只只蝴蝶在上面飞舞着，很是好看。放学后，我把她留了下来，带着她沿小路再走了一遍。她似乎也被路边的小花吸引住了，脸上露出了不多见的笑容。我问她知道这路边的小花是怎么长出来的吗？她想了想，恍然大悟道："一定是我上次漏在路边的种子开的花。""对啊！你看，这些被你丢掉的种子，不是照样开出了和花园里一样美丽的花儿了吗？"见她专注的眼神，我继续说道："你看这些种子，别人遗弃了它们，但它们自己并没有遗弃自己，我们是不是也应该向这些种子学习呢，即使别人遗弃了我们，我们也不要放弃自己，而是应该像这些种子一样，努力生长，最终开出和花园里一样美丽的花朵来。"听了我的话，她似乎若有所思地久久地伫立在路旁，眼里面有晶莹的东西在滑落。

那天回来后，她似乎变了个人一样，课堂上从不举手的她渐渐地把手举过了头顶；不爱笑的脸上也逐渐多了几道美丽的笑容。后来，她上了高中、上了大学，走出了那个偏僻穷困的小山庄。突然有一天，我收到了她从远方寄来的信，她在信中写道："老师，谢谢您，是您让我知道了，即使是一粒遗失的种子，也会开出美丽的花朵来。"

蒋光平

小故事大道理

不是每一粒种子都能在温室里发芽、开花，得到无微不至的呵护，那些遗落在大地上的种子即使没有得到关怀，也依然竞相开放。

魏老板拾米票

民国年间，青镇东栅有一家"顺德槽坊"，兼营粮食业务，老板名叫魏顺德。他为人通达厚道，又乐于助人。当时环境艰苦，一般贫民都是吃了上顿没下顿，而许多不法奸商却趁机大发国难财，就连一般的米商售米也都堂而皇之地用"良心"秤（一种平口用的小木杆），谋取暴利。魏老板每见有穿破烂衣服的贫民来量米，他都要亲自动手量升，从不用"良心"秤，经常以此济贫。

抗战后，物价飞涨，青镇的商贾就用米票代币，以求保值。一天清晨，有一位南栅外的农妪赶早市来量米，不慎失落了二斗米票，她神色惊慌地来回寻找起来；却怎么也找不到。想到家人正嗷嗷待哺地盼着自己量米回家，现在米票遗失，一家人便无法生存下去，她越想越悲伤，于是就在街上号啕大哭起来。许多路人见了，问清事由后都叹一声，然后摇摇头走了。正巧魏老板经过，问明情况，走上前去对农妪说："你不要哭了，米票是我拾得的，你随我到店里去还你吧。"

农妪匆匆地擦了一把泪，跟着魏老板来到东栅，她越往东走心里越是疑惑。终于到了"顺德槽坊"，农妪忍不住嘀咕道："我从不往这儿走的呀。"

魏老板便对她说："这个你就不要问了。"说罢从抽屉里拿出二张一斗的米票交给她，农妪见了，怕烫手似地迟迟不肯接，吞吞吐吐地说："我遗失的是一张二斗的米票，不是两张一斗的米票。"

魏老板笑笑，说："你遗失二斗米票，我拾得二斗米票，这不是一样的吗？你拿着吧。"

农妪蓦地明白过来，泪流满面地磕了一个头，连声说："恩人哪，我们全家人不会忘记你！"

不料偏偏有一位名叫赵二的无赖之徒，不知从哪儿得知此事后，第二天他大摇大摆地走进"顺德槽坊"，对魏老板大声说道："你昨天捡到的二张一斗米票是我遗失的，你现在还给我吧。"

魏老板闻言一怔，瞅一眼赵二，然后不慌不忙地放下茶壶，对他说："既然是你的，那我问你，你遗失的米票是啥颜色的？"

赵二眼珠骨碌碌一转，心想纸都是白色的，于是理直气壮地回答道："当然是白色的！"

话音刚落，店外围观的几位妇女"哄"的一声笑了起来。赵二恼羞成怒地瞪她们一眼："有什么好笑的？！"

一位名叫阿花的妇女忍不住说："二斗的米票是淡黄色底子

配深蓝色花边，一斗的米票是深黄色底子配浅蓝色花边，从没见过白色的米票。"

赵二听了这话，一下涨红了脸。

魏老板站起来对赵二说："这样吧，等我以后捡到白色的米票时，再还给你，好不好？"

赵二在一片哄笑声中只好灰溜溜地走了。

这时阿花又迷惑不解地问道："魏老板，你昨天真的捡到米票了？"

魏老板笑笑，坦然地说："二斗米票，对一个家中清贫如洗的老妪来说是非同小可，情急时有可能会萌生短见，我虽然平白损失二斗米，但换取一条人命，你们说哪头重要？"

众人听了，都对魏老板敬佩不已。

乐忆英

小故事大道理

一句善意的谎言，可以改变一个人的一生，甚至拯救一个家庭。

一片海苔撬动世界

曼谷的烈日将柏油路烤得发软,十八岁因家贫辍学的少年背着褪色的帆布包,在唐人街的喧嚣中嗅到一丝咸涩的风。他的手指擦过杂货店货架上那包日本进口海苔——薄如蝉翼的紫黑色脆片,标价比他卖的糖炒栗子贵得多,却卖得很好。少年心想:为何不能做一个物美价廉的泰国本土海苔品牌呢?

他尝试用泰国本土紫菜制作海苔,调整火候和调味。起初,他只是推着小车在学校周边叫卖,虽然能盈利,但销量有限。后来,他看到路边出现了 7-11 便利店,认为这个急速扩张的连锁便利店是打开销路的不二之选,便决定带着样品上门推销。

当时他带去的样品只用塑料袋包装,外面贴上了简单的贴纸。7-11 便利店的相关负责人看到后觉得包装太丑,像菜市场里卖的一样。少年便花了两个月的时间对包装进行了彻底的改造,使包装更吸引年轻人。

两个月后，7-11便利店表示愿意让他的海苔上架，但更大的难题接踵而至：产品在7-11便利店的3000家超商中售卖意味着他需要建立工厂使产品实现量产，并要设法通过7-11便利店要求的GMP认证。

毫无食品生产线管理经验的他写好了计划书向银行提交贷款申请，银行却以他太年轻为由拒绝了他。无奈之下，他只好卖掉糖炒栗子的连锁店来筹资。他靠着自学、发问、不断打听，一步一步让他的海苔在3000家7-11便利店成功上架。

这个少年名叫伊提帕·柯彭温奇，是泰国本土品牌小老板海苔的创始人。

2008年，他受邀参加泰国商务部和7-11便利店联合举办的讲座。在讲座上，他说道："最重要的是，要有正确的心态。你必须相信自己办得到，并愿意为它挣扎。假如等钱都到位才创业，也许我根本不会再有如此大好的机会。"

伊提帕的故事打动了导演松耀司·舒克马卡纳尼，松耀司将这个故事改编成电影《亿万少年的顶级机密》，于2012年在中国台湾上映。

小故事大道理

被拒绝不是终点，而是起点。从一次次被拒绝中寻找原因，才能找到下一次成功的机会。

记忆与忘却

阿拉伯著名作家阿里,有一次与吉伯、马沙两位朋友一同外出旅行。3人行经一处山谷时,马沙失足滑落,眼看就要由3人行变为2人行时,机灵的吉伯拼命拉住他的衣襟,将他救起。为了永远记住这一大恩德,动情的马沙在附近的大石头上用很大力气镌刻下这样一行力透纸背的大字:"某年某月某日,吉伯救了马沙一命。"

于是3人继续往前走。不几日来到一处河边,可能因为长途旅行的疲劳使吉伯跟马沙为了一件小事吵起来了,吉伯一气之下打了马沙一耳光。马沙被打得金星直冒,然而他没有还手,一口气跑到沙滩上,仍然用上很大力气在沙滩上写上一行字:"某年某月某日,吉伯打了马沙一耳光。"

这以后,旅游很快结束了。回到家乡,阿里怀着好奇心问马沙:"你为什么要把吉伯救你的事刻在石头上,而把他打你耳光的事写在沙滩上？"马沙很平静地回答："我将永远感激并永远记住吉伯救过我的命；至于他打我的事，我想让它随着潮水逐渐忘得一干二净。"

石卫东

小故事大道理

记住别人给自己的帮助，把它刻在石头上，也刻在心上；忘却别人给自己的怨恨，要记就把它写在松软的沙滩上，让这些摩擦与矛盾随潮水流走。

让阳光来收拾吧！

一个初秋的中午，天空明净而辽阔，澄澈的阳光被树影裁剪得细碎，洒在人们身上，有种说不出的惬意。斯蒂芬正在外面与伙伴们疯玩，他感到口渴，决定回去拿瓶牛奶喝。他急匆匆地跑进屋里，从冰箱里取出一瓶牛奶，转身朝外跑去。没有跑多远，握在他手中的牛奶瓶滑落在地上，还在地上滚了滚，地面溅满牛奶。他吓得大声哭叫。母亲闻声赶来。她没有发火，也没有大声斥责，而是满脸绽放和蔼的微笑，在阳光下一闪一闪的，像清澈的河面荡开粼粼涟漪。她安慰着斯蒂芬："哦，我从来没有见过牛奶洒落在地上画成这样美丽的图案。好了，别哭了宝贝。反正牛奶已经洒了，那么就交给清洁工阳光来收拾吧！"她用满怀爱意的手抚摸着他的头继续说："孩子不要害怕，你到屋里再拿一瓶牛奶，记住把牛奶瓶握紧。牛奶洒落在地上没有关系，都交给阳光来收拾！"斯蒂芬停止了哭叫，拍着手，高兴地冲进屋里。他再次从冰箱里取出一瓶牛奶，在手中反复尝试着握紧牛奶瓶的奥秘。他终于找到了秘诀——手指放在瓶颈细小的部位就能抓牢牛奶瓶。他拿着牛奶瓶，欢天喜地冲出屋，找伙伴玩耍去了。

斯蒂芬后来成了一名心理学家。他回忆道："在孩子成长过程中，人生本来就是一个学习的过程。对于孩子而言，没有所谓的'错误'，只有'经验'。成长意味着一个个'错误'垒砌'错误'的过程。对于孩子来说，给他们一片灿烂阳光的世界是多么的重要。长大后，我在科研过程中曾经遇到成千上万次失败，我都把失败看作是洒落在地上的牛奶，我总是乐观地等待成功的阳光来收拾！

张振旭

小故事大道理

正是母亲"让阳光来收拾"的一句话，让斯蒂芬在成长过程中内心世界盛放着灿烂的阳光，信心百倍迎接属于他的未来晴空万里。真正重要的不是避免犯错，而是学会如何从错误中站起来。

二十二遍读书法

丰子恺不仅是中国现代著名文学家、画家和音乐家,还是一位卓越的翻译家。

据说他刚到日本时,对日语一窍不通。但他仅用了十个月,便掌握了日语,甚至能翻译日语著作。不过他学习日语的方法在外人看来,却十分"笨"。

他发现"读"的繁体字有二十二画,便决定把每篇文章读二十二遍。第一天,他把文章读上十遍,拿铅笔在生词旁画线,纸页上满是歪歪扭扭的线。第二天晨曦初露,他又翻开书。这回减到五遍,他嘴里念念叨叨,巩固记忆,手指头在桌沿打拍子,仿佛要把字句敲进木头缝里。第三天,还是五遍,但他把心思转到了字句间的勾连处,体会语法。第四天清晨,他起身诵读最后两遍。

如此二十二遍,一个"讀"字完成,一篇文章也就深深地烙印在脑海里。

除了二十二遍读书法，丰子恺还把书中所有一切生字抄在一张图画纸上，把每个字剪成一块块的纸牌，放在一个匣中。每天晚上，像算命一般向匣子中摸纸牌，温习生字。

后来，他翻译了《源氏物语》，平安朝的月色在他笔下如江南烟雨般流淌。他的翻译语言流畅自然，既忠实于原文，又不拘泥于原文。

小故事大道理

现在的人总想着"三分钟学会""五天速成"，丰子恺却偏信"笨"的力量。有时候看起来"慢"的方法，可能是最快的捷径；看起来"笨"的方法，可能蕴含着大智慧。